FACULTÉ DE DROIT DE PARIS

DE L'ERREUR

DANS LES CONTRATS

EN DROIT ROMAIN

ET EN DROIT FRANÇAIS

PAR

MAURICE LE COINTE

AVOCAT A LA COUR D'APPEL DE PARIS

PARIS

F. PICHON, IMPRIMEUR-LIBRAIRE

14, RUE CUJAS, 14

—

1874 -

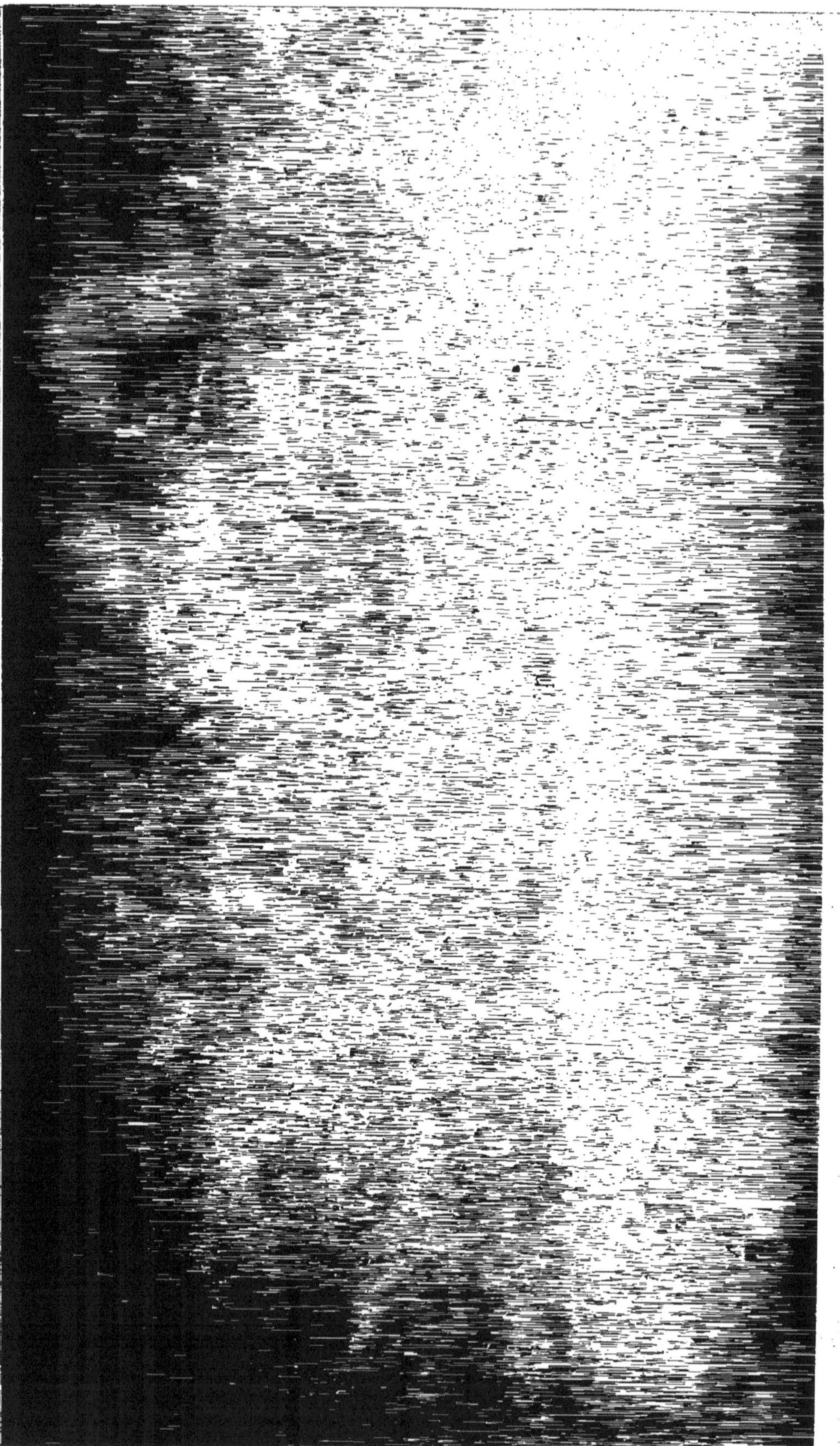

DE L'ERREUR

DANS LES CONTRATS

EN DROIT ROMAIN
ET EN DROIT FRANÇAIS

THÈSE POUR LE DOCTORAT

PAR

Maurice LE COINTE

AVOCAT A LA COUR D'APPEL DE PARIS

L'acte public sur les matières ci-après sera soutenu le
mardi 22 décembre 1874, à midi.

PRÉSIDENT : M. DEMANTE,

SUFFRAGANTS :
{ MM. LABBÉ,
BUFNOIR,
LÉVEILLÉ } PROFESSEURS.
ACCARIAS AGRÉGÉ.

PARIS

F. PICHON, IMPRIMEUR-LIBRAIRE,

14, RUE CUJAS ET 7, RUE VICTOR-COUSIN

1874

MEIS ET AMICIS

DROIT ROMAIN

DE L'ERREUR DANS LES CONTRATS

CHAPITRE PREMIER

DE L'ERREUR DE DROIT ET DE L'ERREUR DE FAIT

Nous trouvons au Digeste un titre dont l'intitulé est celui-ci *De Ignorantia juris et facti*. Les jurisconsultes romains reconnaissaient donc deux espèces d'erreur : l'erreur de droit et l'erreur de fait. Le *principium* de la première loi de ce titre est ainsi conçu : *Ignorantia vel facti vel juris est.*

Après avoir posé ce principe, Paul nous donne un exemple de l'erreur de droit, un exemple de l'erreur de fait : « Nam siquis nesciat decessisse eum
» cujus bonorum possessio defertur, non cedit ei
» tempus. Sed si sciat quidem defunctum esse co-
» gnatum, nesciat autem proximitatis nomine
» bonorum possessionem sibi deferri ; aut se sciat
» scriptum heredem, nesciat autem quod scriptis

» heredibus bonorum possessionem Prætor promit-
» tit : Cedit ei tempus, quia in jure errat » (1).

Erreur de fait. — J'ignore le décès d'une personne à la *bonorum possessio* de laquelle j'ai droit ;
le délai pendant lequel je puis demander la *bonorum possessio* va-t-il courir contre moi ? Non, répond le jurisconsulte Paul, *non cedit ei tempus.*
Ulpien développe la même idée en donnant une
explication de ce qu'on entend par jours utiles
« utile tempus est bonorum possessionem admit-
» tendarum. Ita autem utile tempus est, ut singuli
» dies in eo utiles sint : scilicet ut per singulos dies
» et scierit et potuerit admittere, cæterum qua-
» cumque die nescierit aut non potuerit, nulla du-
» bitatio est quin dies ei non cedat » (2).

Erreur de droit. — Un de mes cognats à la *bonorum possessio* duquel je dois être appelé, meurt.
Je suis averti de son décès, mais je ne sais pas que
je puis demander la *bonorum possessio.* Le délai
pendant lequel je peux faire cette demande va-t-il
courir contre moi ? Oui, répond le jurisconsulte
Paul, « Cedit ei tempus quia in jure errat. »

Voilà deux exemples qui font comprendre la différence qui existe entre l'erreur de fait et l'erreur de
droit, tant au point de vue de leur caractère spécial,
qu'au point de vue de leurs conséquences contradictoires.

(1) Loi 1, § 1, D., *De juris et facti ignorantiâ.*
(2) L. 2, D., *Quis ordo in possessionibus servetur.*

Cependant, pour préciser davantage la nature de ces deux erreurs, il est nécessaire de les définir. Les textes nous fournissent un nombre considérable d'exemples mais ne nous donnent pas une seule formule théorique ; c'est dans les commentateurs que nous devons chercher une idée générale.

Pothier dans ses Pandectes s'exprime ainsi : « Ignorantia juris est ignorare quæ legibus aut mo- » ribus constituta sunt.

» Ignorantia facti est ignorare quidpiam conti- » gisse aut quomodo contigerit. »

Mainz dit simplement : on distingue l'erreur de droit et l'erreur de fait, selon qu'elle se rapporte à un point de droit ou à un point de fait. Enfin, M. de Savigny dans son traité général de droit romain (t. III, append. VIII), après avoir rappelé la distinction que l'on fait entre les deux espèces d'erreur, et sans donner à proprement parler de définition, détermine ainsi les caractères de l'erreur de droit et de l'erreur de fait. « L'erreur de droit tombe sur une règle de droit c'est-à-dire sur le droit objectif. L'erreur de fait tombe sur des faits juridiques, c'est-à-dire sur les conditions exigées en fait pour l'application d'une règle de droit. » Ces deux jurisconsultes ne font, comme on le voit, que confirmer la définition de Pothier que nous adoptons comme étant la plus claire et la plus complète.

Mais il reste une difficulté à résoudre.

Si j'achète d'un pupille que je crois pubère, sans que son tuteur lui ait donné l'*auctoritas*, il y a là une erreur de fait. Si j'achète de ce même pupille, avec la croyance qu'un pupille peut vendre *sine auctoritate tutoris*; il y a là une erreur de droit (1). Mais si dans une question délicate, controversée, je commets une erreur, je fais une fausse application de la loi, de quelle espèce est mon erreur est-elle de droit, est-elle de fait?

M. de Savigny répond ainsi à cette question. « La règle de droit doit être considérée comme l'élé-
» ment donné fixe et immuable ; puis nous avons à
» combiner les divers éléments que fournissent les
» faits soit par l'analyse, soit par la synthèse et à en
» former un ensemble auquel s'applique la règle.
» Or que nous nous trompions dans la perception
» immédiate des faits ou dans leur combinaison par
» la pensée, c'est toujours dans l'appréciation des
» faits que nous nous trompons et par conséquent
» l'erreur est toujours une erreur de fait. » Nous croyons que cette manière de voir est exacte et que la véritable erreur de droit est celle qui porte sur un point certain, non contesté, conformément à l'opinion de Nératius reproduite dans la loi 2 du titre *De ignorantia juris et facti*. « In omni parte
» error in jure non eodem loco quo facti ignorantia
» haberi debebit ; cum jus finitum et possit esse, et
» debeat ; facti interpretatio plerumque etiam pru-
» dentissimos fallat. »

---

(1) L. 2, § 15, D., *Pro emptore*, XLI. 4.

Maintenant que nous avons une idée de ce qu'on entend par erreur de droit et par erreur de fait, recherchons quel était chez les Romains l'intérêt de cette distinction.

Papinien pose ce principe : « Juris ignorantia » non prodest acquirere volentibus; suum vero » petentibus non nocet (1). »

Les commentateurs ont résumé cette loi dans cet adage : « In lucris nocet error juris, non facti; in » damnis error quilibet non nocet. » Voici donc la règle :

Quand il s'agit de réaliser un gain, on peut tirer parti de l'erreur de fait, non de l'erreur de droit; quand il s'agit d'éviter une perte, on peut s'appuyer sur l'erreur de fait et sur l'erreur de droit :

Des exemples feront comprendre aisément cette distinction.

Erreur de fait. — J'ai toujours considéré Tertius comme un homme libre, et c'est mon esclave. L'erreur dans laquelle j'ai été, est une erreur de fait; elle n'a pas pour conséquence de me faire perdre mon droit de propriété.

J'ai renoncé à la succession de mon père, j'ai accepté la succession de ma mère ; je possède, comme étant à ma mère, un champs qui dépend de la succession de mon père, je puis valablement invoquer mon erreur de fait pour usucaper.

____

(1) L. 7, D., *De ignor. juris et facti.*

Nous pouvons reproduire ici l'hypothèse de la première loi du titre *De ignorantia juris et facti*. Ignorant que mon cognat est mort *intestat* sans enfants ni agnats, je n'ai pas demandé la *bonorum possessio unde cognati*, le délai de cent jours est passé, mon erreur étant de fait a pour conséquence de me permettre de réclamer la *bonorum possessio*, même après le delai qui n'a pu courir contre moi.

Ainsi qu'il s'agisse de perte à éviter, de gain à réaliser, l'erreur de fait peut être invoquée. L'erreur grossière seule n'est pas admissible : « Nec supina » ignorantia, dit Ulpien, ferenda est factum igno- » rantis ; nec scrupulosa inquisitio exigenda (1). »

Erreur de droit. — Je ne puis pas, prétendant que j'ai été dans l'erreur sur un point de droit, réaliser un gain ; je ne puis, par exemple, affirmant que j'ignorais l'existence de la *bonorum possessio unde cognati*, réclamer, le délai passé, le bénéfice de la succession « In bonorum possessionibus » juris ignorantia non prodest quo minus dies ce- » dat (2). »

Au contraire, quand je veux conserver ce que j'ai, je puis me fonder sur l'erreur de droit où j'étais pour éviter de subir un préjudice.

Paul dans la loi 2 § 15 du titre *Pro emptore* nous cite un exemple particulièrement frappant : Une vente a eu lieu entre un majeur de vingt-cinq ans

____

(1) L. 6, D,, *De ign. juris et facti.*
(2) L. 10, D.. *De bonor possessionibus*, XXXVII. 1,

et un pupille *sine auctoritate tutoris*, la vente est nulle ; mais si le majeur de vingt-cinq ans a cru le pupille pubère, il pourra usucaper ; tandis qu'au contraire si le majeur de vingt-cinq ans a pensé que le pupille n'avait pas besoin pour vendre de *l'auctoritas* de son tuteur *non capiet usu, quia juris error nulli prodest.*

M. de Savigny s'élève avec force contre cette théorie, repousse cette distinction de l'erreur de droit et de l'erreur de fait relativement au résultat que l'on poursuit et soutient que le principe qui domine la matière est l'excusabilité.

Examinons la doctrine de M. de Savigny et voyons si dans les textes nous trouverons des principes assez forts pour modifier les décisions que nous avons précédemment rapportées.

Dans une de ses notes M. de Savigny s'exprime ainsi. « Tout doit se ramener à l'idée de *Culpa*, cela ressort clairement des textes cités dans une note précédente et de la loi 29, § 1, D. mandati, 17, 1.

Or, si l'on trouve dans ces textes l'idée d'excusabilité : « Sed Cassius ignorantiam Sabinum ita accipiendam existimasse refert non deperditi et nimium securi hominis (1). » « Qui justo errore ductus negaverit se heredem venia dignus est (2). » On y voit aussi reproduite la distinction entre l'erreur de

---

(1) L. 3, D., *De ignor. juris et facti*, voir aussi LL. 6 et 9, §§ 2 et 3, *cod. tit.*

(2) L. 11, § 10, D., *De interrog., in jure fact.*, XI, 1 ; voir aussi L. 15, § 1, D., XVIII, 1.

droit et l'erreur de fait : « Non male tractabitur, dit
» justement Ulpien dans la loi 29 § 1. Mandati, si
» cum ignoraret fidejussor inutiliter se obligatum
» solverit, an mandati actionem habeat ? Etsi
» quidem factum ignoravit recipi ignorantia ejus
» potest ; si vero jus, aliud dici debet : »

De plus, certaines hypothèses prévues par quel-
ques-unes des lois sur lesquelles se fonde M. de Savigny ne peuvent s'appliquer qu'à des erreurs in
facto : « Si nominatim morbus exceptus non sit
» talis tamen morbus sit, qui non omnibus potuit
» apparere utputa cæcus homo venibat ejus nomine
» non teneri Cæcilius ait; ad eos enim morbos vitia-
» que ædictum Ædilium probandum est quæ quis
» ignoravit vel ignorare potuit (1) ! » V. aussi la
loi 55 du même titre.

Si nous rapprochons de ces textes la loi 9 du titre
de Ignor. juris et facti dans laquelle après avoir
posé ce principe *juris quidem ignorantiam cuique
nocere, facti vero ignorantiam non nocere*, Paul
confirme cette règle par des exceptions, nous sommes
forcés de reconnaître qu'une théorie de l'excusabilité existe, mais que ne subsiste pas moins entre
l'erreur de droit et l'erreur de fait la distinction
telle que Papinien nous la présente. Ces deux idées
sont-elles contradictoires ? On l'a soutenu, mais
nous croyons qu'il est possible de les concilier. Il
nous semble qu'on pourrait ainsi combiner les deux

1. L. 14, § 10, *De Ædilitio edicto*, D. XXI, 1.

théories : Déclarer que celui qui a commis une erreur de fait peut toujours l'invoquer à moins qu'elle soit inexcusable et décider que celui qui a commis une erreur de droit ne peut jamais s'en prévaloir, à moins qu'il ne s'agisse pour lui d'éviter une perte ; dans ce cas là on assimile l'erreur *in jure* à l'erreur *in facto*, et bien entendu la seule erreur qu'on puisse invoquer est l'erreur excusable ; en d'autres termes, quand l'erreur est *in jure*, il y a présomption *juris et de jure* d'inexcusabilité toutes les fois qu'il ne s'agit pas d'éviter une perte ou que les personnes coupables d'erreur ne sont pas privilègiées, c'est-à-dire, femmes, mineurs, sans éducation, ou militaires.

Pour achever cette théorie nous devons répondre aux arguments que présente M. de Savigny afin de combattre le système qui admet la distinction de Papinien. Voici le premier argument : « Nous » avons trouvé dans les sources du droit comme » principe fondamental que l'erreur pour être in- » voquée utilement devait être excusable et que » l'erreur de droit, sauf certaines exceptions, n'é- » tait pas excusable. Or si l'erreur de droit peut » *toujours* être invoquée pour éviter une perte » réelle, ces deux principes sont en contradiction. »

Nous ne disons pas, et le texte de Papinien ne dit pas, que, dans toutes circonstances, l'erreur de droit peut être invoquée pour éviter une perte réelle ; nous disons, ce qui est différent et ce qui est conforme à la théorie de l'excusabilité : L'erreur de droit comme l'erreur de fait, quand elle est excusable, peut être invoquée pour éviter une perte.

Puis, M. de Savigny opposant le texte de Papinien à la règle absolue de Paul, tire cette conséquence : Qu'il ne faut tenir compte ni de l'un ni de l'autre. Ne serait-il pas plus exact et plus juridique de décider que Paul pose un principe général auquel Papinien fait exception pour le cas où la conséquence de l'erreur serait de subir une perte.

Enfin M. de Savigny trouve vague et incertaine cette distinction de la perte à éviter et du bénéfice à réaliser. Nous répondrons : cette distinction est célèbre ; dans l'action Paulienne les créanciers ont le droit d'agir quand leur débiteur s'appauvrit, non quand il refuse de s'enrichir.

L'incertitude est-elle plus grande en matière d'erreur ? Evidemment non.

Ces observations de M. de Savigny ne sont pas assez fortes, croyons-nous, pour qu'il soit permis de ne tenir aucun compte du texte de Papinien.

Avant de résumer notre théorie il nous reste à expliquer un texte dont on pourrait peut-être exagérer l'importance. « Sed juris ignorantiam non » prodesse, Labeo ita accipiendum existimat, si ju- » risconsulti copiam haberet, vel sua prudentia » instructus sit ; ut cui facile sit scire ei detrimento » sit juris ignorantia ; quod raro accipiendum » est (1). »

---

(1) L. 9, § 3, D., *De ignor. juris et facti.*

Ce texte s'explique aisément dans notre système, en admettant même que la doctrine de Labéon soit généralement adoptée et en donnant à la phrase « quod raro accipiendum est » le sens que lui prête M. de Savigny, c'est-à-dire « ce qui arrivera rarement. » Labéon se place dans une hypothèse ou est admise l'ignorance de droit, et il déclare que l'erreur sera d'autant plus excusable que le moyen de l'éviter aura été plus difficile.

Si nous recherchons d'ou vient cette différence entre l'erreur de fait et l'erreur de droit, le jurisconsulte Neratius nous répond : « Inomni parte error » in Jure non eodem loco quofacti ignorantia haberi »debebit; cum jus finitum et possit esse et debeat; » facti interpretatio plerumque etiam prudentis- » simos fallat (1). »

Dans une législation parfaite le système de M. de Savigny ne devrait-il pas être préféré à celui que nous avons exposé? C'est une autre question. Nous n'avons pas ici à faire la loi, nous avons à l'interpréter, et il nous paraît bien audacieux de supprimer presque tout un titre du Digeste au nom de la raison et du progrès quand le but de notre travail est d'exposer, non pas ce qu'aurait du être, mais ce qu'était la législation romaine.

Nous maintenons notre théorie parce qu'elle est conforme :

1° A la loi 2 de Neratius, à la loi 9 de Paul, aux

____

(1) L. 2, D., *De ign. juris et facti.*

lois 7 et 8 de Papinien du titre *de Ignorantia Juris et facti* en ce que reconnaissant la distinction établie entre l'erreur de droit et l'erreur de fait, elle admet l'exception apportée à ce principe par Papinien ;

2º A la loi 3 de Pomponius et à la loi 8 d'Ulpien, *eod. tit.*, en ce qu'elle ne repousse pas la théorie de l'excusabilité ;

3º A la loi 4 de Pomponius *eod. tit.*, en ce qu'elle explique cette loi comme une conséquence de la règle posée par Papinien dans la loi 7 ;

4º A la loi 9 § 5, *eod. tit.*, en ce qu'elle admet comme principe que l'erreur de droit est inexcusable.

Parlons maintenant des personnes auxquelles cette théorie n'est pas applicable. On peut dire que les mineurs sont d'une façon absolue dans une situation particulière, que toutes nos recherches, nos conclusions ne les concernent pas. Paul dans la loi 9 de Ign. jur., et fact., après avoir énoncé la règle générale « Juris quidem ignorantiam cuique nocere, » facti vero ignorantiam non nocere » ajoute « mi- » noribus viginti quinque annis jus ignorare per- » missum est. » La conséquence de cette exception est d'écarter en faveur des mineurs la règle que Paul a établie et de ne faire aucune distinction entre l'erreur de droit et l'erreur de fait.

Pour confirmer ce qu'il avance, Paul nous cite l'exemple suivant : Un mineur de vingt-cinq ans prête de l'argent à un fils de famille, *subvenitur ei,* le mineur peut agir comme si son créancier n'était pas *filius familias.* En rapprochant cette décision

de la loi 3 pr. (D. Sen. Maced 14, 6) ainsi conçu :
« Si quis patremfamilias esse credidit non vana
» simplicitate deceptus, nec juris ignorantia, sed
» quia publice paterfamilias plerisque videbatur,
» sic agebat, sic contrahebat, sic muneribus funge-
» batur; cessabit Senatus consultum. » On verra
clairement une application de la règle et de l'exception : Le majeur de vingt-cinq ans qui a prêté à un
fils de famille ne peut invoquer qu'une erreur de
fait excusable, jamais l'erreur de droit. Le mineur
au contraire dans la même hypothèse invoque avec
succès l'erreur de droit.

Nous avons vu dès le commencement même de ce
travail que le délai de la *bonorum possessio* courait
contre tout individu qui ne pouvait invoquer que
l'erreur de droit. L'empereur Gordien admet la prétention du mineur qui par ignorance de droit a
laissé passer le délai de la *bonorum possessio* « Nunc
» per ætatem beneficium restitutionis largitur (1).»

Ces deux exemples ne doivent pas être considé-
rés comme des exceptions à la règle générale « Ju-
» ris quidem ignorantiam cuique nocere, facti
» vero ignorantiam non nocere », mais comme
des applications du principe « minoribus viginti
» quinque annis jus ignorare permissum est. » Ce
qui permet de dire que, relativement aux mineurs,
la distinction entre l'erreur de droit et l'erreur de
fait n'existe pas.

(1) L. 2, C., II, 2, 22, *De rei integ., restit. minor.*

Quant aux femmes, nous devons être moins absolus « Quod et in fœminis in quibusdam cau- » sis propter sexûs infirmitatem dicitur. » Telles sont les expressions que nous rencontrons dans la loi 9, *cod. tit.*

En effet, d'après la loi 8, § 2, D. 2. 8, *Qui sat. cog.*, la femme trouve une excuse dans l'erreur de droit, tandis que les hommes ne pourraient faire valoir que l'erreur de fait.

Dans le § 5 de la loi première *de Edendo* (D. 2, 13), nous voyons la preuve de l'indulgence que l'on avait pour les erreurs *in jure* commises par les femmes.

Enfin, dans les § 4 et 5 de la loi 15 *de Lege Cornelia*, D. 48, 10, bien que la femme fasse valoir une erreur de droit pour réaliser un bénéfice, on admet sa prétention. En effet, d'après le *principium* de cette loi, il est défendu à celui qui écrit un testament d'écrire le legs qui le concerne ; la prohibition s'étend à l'esclave et au fils de celui auquel le testateur dicte ses dernières volontés : « Scribere au- » tem sibi legatum videri non solum qui manu » suâ id fecit, sed etiam qui per servum suum, vel » filium quem in potestate habet, dictante testa- » tore, legato honoratur. » Aux § 4 et 5 de cette même loi, Callistrate fait exception à la règle sus énoncée pour la mère qui a fait écrire par son esclave le testament de son fils et un legs que ce dernier a consenti en sa faveur « Veniam tribuem » dam legis Corneliæ placuit », et pour la fille qui, sous la dictée de sa mère, a écrit elle-même une disposition testamentaire en sa faveur : « Idem in » filiam quæ, dictante matre suâ, per ignorantiam » juris, legatum sibi scripserat senatus censuit. »

Certainement d'autres exceptions existent en faveur des femmes, mais les textes que nous avons cités suffisent pour prouver que, relativement aux femmes, la règle posée par Paul doit être respectée, sauf les hypothèses spécialement prévues par le législateur.

Telle est, sans aucun doute, la règle, depuis la Constitution de l'empereur Léon, dont voici les termes : « Ne passim liceat mulieribus omnes suos » contractus retractare in his quæ prætermiserint » vel ignoraverint : statuimus, si per ignorantiam » juris damnum aliquid circà jus vel substantiam » suam patiantur, in his tantum casibus, in quibus » præteritarum legum auctoritas ei suffragatur, » subveniri (1). »

Mais on a soutenu que jusqu'à cette époque les femmes furent, relativement à l'erreur, assimilées à des mineurs ; qu'elles purent toujours invoquer l'erreur de droit comme l'erreur de fait.

Pour soutenir cette opinion, on oppose la Loi 3, C. Théod., *de integ. restitut.* 2, 16, de l'an 414 : « Et mulieribus, et minoribus in his quæ vel præ- » termiserunt vel ignoraverunt innumeris auctori-

______

(1) L. 13, C,, *De ign. juris et facti*, XVIII.

» tatibus constat esse consultum », à la Loi 8,
C. de in integ. rest. (C. 2, 22,) : « Minoribus in his
» quæ vel prætermiserunt vel ignoraverunt, innu-
» meris auctoritatibus constat esse consultum », et
l'on fait le raisonnement suivant : Le commencement de la Loi 3 du Code Théodosien *et mulieribus,*
sert à constater l'assimilation qui existe entre les
femmes et les mineurs, au point de vue de l'erreur
de droit ; la suppression de ces mots *et mulieribus,*
dans le Code de Justinien atteste le changement ap-
porté par la Constitution de l'empereur Léon, dans
la législation romaine. La conséquence du raisonnement est trop absolue. La Loi 3 parlait des femmes et
des mineurs, c'est-à-dire d'une classe de personnes
privilégiées pour des causes analogues. Voilà ce
qu'on peut constater ; mais, déduire du rapprochement de ces deux personnes, femmes et mineurs,
qu'il n'existait aucune différence entre elles au
point de vue de l'erreur de droit, c'est, croyons-
nous, exagérer la pensée du jurisconsulte. D'ailleurs, nous pouvons opposer à cette manière de
voir des textes antérieurs à la Constitution de
l'Empereur Léon, les Loi 9, D. *Juris et facti ignorantiâ,* et loi 6 au Code, 6, 9. *Qui admit. ad bon. poss.,*
qui ne reconnaissent pas à la femme le droit de faire
valoir son ignorance *in jure.* Nous savons que ce
serait une supposition très-acceptable que celle qui
consisterait à prétendre que ces textes ont été inter-
posés par les commissaires de Justinien qui voulaient les mettre en rapport avec la législation ré-

sultant de la Constitution de l'empereur Léon.
Mais où est la preuve de ces interpolations?

Des exceptions sont encore accordées aux militaires et aux hommes sans éducation. Aucune difficulté ne se présente relativement à ces personnes. Nous nous contenterons donc de mentionner ces exceptions.

En résumé, le mineur peut toujours réclamer la restitution, que son erreur soit de fait ou de droit.

Les trois autres classes de personnes privilégiées doivent se soumettre à la règle commune, quand elles ne se trouvent pas dans les exceptions spéciales et déterminées qui forment leur privilége.

CHAPITRE II

Nous avons recherché s'il y avait lieu de distinguer entre l'erreur de droit et l'erreur de fait, nous avons déterminé quelles étaient les personnes auxquelles les principes généraux n'étaient pas absolument applicables, nous sommes arrivés à la solution de cette question : Quelle est l'influence de l'erreur sur les actes qui sont entachés de ce vice ?

Dans des textes nombreux, les jurisconsultes romains semblent reconnaître à l'erreur un pouvoir absolu sur la volonté. « Non videntur qui errant » consentire, dit Ulpien dans la loi 116 § 2 du titre » *de Regulis juris.* » « Nulla enim voluntas errantis est, lisons nous dans la loi 20 du titre de *Aquâ et aquæ pluviæ arcendæ.* » Au titre du Code *de Juris et facti ignorantiâ*, le même principe ressort des lois 8 et 9 « cum errantis nulla voluntas est » « cum » nullus sit errantibus consensus. » Nous pourrions encore citer la loi 15 *de Juris dictione* et la loi 2 principium *de Judiis*. La règle générale est donc celle-ci : toutes les fois qu'il y a erreur, le consentement disparaît. Mais alors, que devient la théorie du dol ; comme le dit parfaitement M. de Savigny, si l'erreur en loi suffisait pour exclure absolument l'existence de la volonté et par conséquent ses effets, tout contrat, déterminé par l'erreur se trouverait nul et il serait indifférent que l'erreur fût ou non le résultat de la fraude. » Tout cela implique évidemment, ajoute M. de Savigny, qu'un contrat déterminé par une simple erreur est un contrat valide. C'est dire en d'autres termes que, malgré l'erreur, le consentement subsiste dans toute sa force. »

Cette dernière proposition semble ne pouvoir être admise en présence des textes formels que nous venons de citer. Mais quand on analyse la pensée de M. de Savigny et que l'on étudie les applications du principe reconnu par les jurisconsultes romains, on arrive à combiner ces deux idées : l'erreur vicie le consentement, une simple erreur est sans influence sur la validité des contrats.

Et en effet, l'idée la plus exacte que l'on puisse se faire de l'influence de l'erreur sur la volonté, nous semble pouvoir se traduire ainsi : la théorie de l'erreur est une théorie relative, son influence se modifie selon son objet, l'erreur qui porte sur une des conditions essentielles à la validité du consentement, détruit le consentement; l'erreur au contraire qui s'attache à un caractère de la volonté qui n'est pas essentiel à la validité du consentement laisse subsister le consentement. En résumé, l'erreur qui vicie le consentement est la seule qui puisse être invoquée ; or le consentement ne peut-être vicié que lorsqu'il manque d'une des conditions indispensables à sa validité. Donc, l'erreur en soi est sans influence ;

mais, envisagée à un point de vue relatif, elle a les
conséquences les plus considérables. C'est à l'étude
de ces conséquences que nous devons maintenant
nous livrer, en bornant notre travail à la discussion
des effets produits par l'erreur dans les contrats.

Chez les romains, les contrats étaient des conventions, ayant reçu de la loi cette dénomination :
« Conventionis verbum generale est ad omnia per-
» tinens de quibus negotii contrahendi transigendi-
» que causa consentiunt qui inter se agunt (1). »
« Juris gentium conventiones quædam actiones pa-
» riunt quædam exceptiones. Quæ pariunt actiones
» in suo nomine non stant, *sed transeunt in pro-*
» *prium nomen contractus* (2). » La convention,
d'après le même jurisconsulte Ulpien « est duorum
» pluriumve in idem placitum consensus. » Cette
définition de la convention s'applique au consentement lui-même, et voici l'enchaînement des idées
qui doit nous conduire à la solution des problèmes
que nous aurons à examiner :

Tout contrat suppose nécessairement une convention ; on ne peut concevoir une convention sans
consentement ; donc, quand dans un contrat le consentement est vicié, le contrat lui-même est atteint.

Est-il nécessaire de rappeler que chez les Romains, le nombre des contrats était limité, et que
la manière dont ils prenaient naissance était diffé-

____

(1) L. 1, § 3, D., *De pactis*, 11, 14.
(2) L. 7, D., *eod. tit.*

rente. Cette distinction d'ailleurs est sans importance au point de vue qui nous occupe. Que le contrat se forme « *re, verbis, litteris, solo consensu,* » le concours de volonté, le consentement n'est pas moins nécessaire à l'existence même du contrat. Une distinction plus importante par ses conséquences est la distinction entre les contrats unilatéraux et les contrats synallagmatiques. Au point de vue de l'erreur sur la personne, il n'est pas indifférent que le contrat soit à titre **gratuit ou** à titre **onéreux.**

CHAPITRE III

Il peut arriver que chacune des parties pense s'obliger à un titre différent. La loi 18 du titre *de rebus creditis* nous fournit deux exemples où cette hypothèse est prévue. Occupons-nous d'abord du § 1er de cette loi. « Si ego quasi deponens tibi dedero, » tu quasi mutuum accipias; nec depositum nec » mutuum est. Idem est, si tu quasi mutuam pecu- » niam dederis, ego quasi commodatum osten- » dendi gratia accepi. »

Le résultat indiscutable de ce texte est celui-ci : Il n'y a ni dépôt ni mutuum quand l'une des parties croit s'obliger par suite d'un dépôt et que l'autre, au contraire, s'imagine avoir conclu un mutuum. Pothier, après avoir cité ces exemples, dit : « Nec mutuum, nec depositum est, in transferendo » enim dominio non consensimus. » Est-ce à dire que lorsque les contractants ne s'entendent pas sur la nature du contrat, et que tous deux ont dans l'esprit une convention différente, mais ayant ce caractère commun de transférer la propriété, il y a contrat valable? Non. Et Ulpien nous donne à cet égard des principes fort exacts (Loi 18, D., *de rebus creditis*) : « Si ego pecuniam tibi quasi donaturus

» dedero, tu quasi mutuam accipias : Julianus
» scribit donationem non esse sed an mutua sit
» videndum; et puto nec mutuam esse. »

Voici la pensée de Pothier : du moment qu'il y a
consentement relatif à la transmission de la propriété, que l'une des parties ait pensé *donner*,
tandis que l'autre a cru recevoir à titre de *mutuum*,
s'il est exact de dire qu'il n'y a ni donation, ni *mutuum*, ce serait une erreur de s'imaginer que la
propriété de la chose qui faisait l'objet du contrat
n'a pas été transférée.

Cette idée est confirmée par Julien (Loi 36, D.,
de Acquirendo rerum dominio, 41, I : « Cum in
» corpus quidem quod traditur consentiamus, in
» causis vero dissentiamus : non animadverto cur
» inefficax sit traditio. Veluti, si ego credam me ex
» testamento tibi obligatum esse ut fundum tra-
» dam, tu existimes ex stipulatu tibi eum deberi.
» Nam et si pecuniam numeratam tibi tradam
» donandi gratia, tuam quasi creditam accipias ;
» constat proprietatem ad te transire nec impedi-
» mento quod circâ causam dandi atque accipiendi
» dissenserimus. »

Ainsi, je vous compte une certaine somme d'argent dans l'intention de vous la donner, et vous
la recevez à titre de *mutuum*, il n'y a pas de raison pour repousser le transport de propriété.

Ulpien dit au contraire : Quand j'ai entendu
vous faire une donation et que vous avez compris
que l'argent, dans mon intention donné, était de

l'argent prêté, il n'y a rien de fait, et de plus nous déclarons que les écus ne deviennent pas la propriété de celui qui les a reçus. « Magisque num- » mos accipientis non fierri. » La manière, d'ailleurs, dont Ulpien s'exprime « *magis* » prouve que la question est délicate et probablement controversée.

Nous n'essaierons donc pas de concilier ces deux textes. Nous nous contenterons de faire valoir les raisons pour lesquelles nous adoptons la solution de Julien :

Julien et Ulpien sont d'accord sur un point, c'est qu'il n'y a pas de contrat lorsque les parties ne se sont pas entendues sur la nature du contrat qu'elles voulaient former : « Donationem non esse » scribit Julianus; et puto nec mutuam esse (1). »

Y a-t-il néanmoins transport de propriété? Non, répond Ulpien. Pourquoi non, dit Julien?

En effet, dans l'hypothèse prévue, n'y a-t-il pas tradition : La détention matérielle existe (*Nuda traditio*), chez l'une des parties nous trouvons intention d'aliéner, chez l'autre intention d'acquérir (*Justa causa*).

« Le plus ordinairement, dit M. Accarias dans son Précis de droit romain, cet accord de volontés a sa cause dans un fait emportant obligation d'aliéner, par exemple, dans un legs *per damnatio-*

---

(1) Ulpien, L. 18, D., *De rebus creditis*, XII, 1.

nem, dans un contrat de vente, de société ou de stipulation ; d'autres fois, il intervient en conséquence d'une convention par elle-même dépourvue de tout caractère obligatoire, par exemple d'une donation ou d'un échange. Mais ce qu'il est essentiel de comprendre, c'est que ce fait juridique, qui détermine et motive la tradition, ne doit pas être confondue avec la *justa causa*. »

Le fait juridique emportant obligation d'aliéner, non suivi de la tradition, ne me rend pas propriétaire ; si je me mets en possession moi-même, je n'acquiers pas la propriété (LL. 5 et 33, D., 41. 2. *De acquir. vel amitt. possess.*).

L. 5. « Si ex stipulatione tibi Stichum debeam,
» et non tradam eum, tu autem nanctus fueris
» possessionem ; præedo es. Æque si vendidero nec
» tradidero rem, si non voluntate meâ nanctus sis
» possessionem, non pro. emptore possides, sed
» præedo es. »

L. 33 « Fundi venditor etiam si mandaverit
» alicui ut emptorem in vacuam possessionem in-
» duceret, priusquam id fieret, non rectè emptor
» per se possessionem veniet. »

Enfin, s'il était nécessaire, pour que la tradition transférât la propriété, que le contrat en vertu duquel elle a lieu fût valable, la tradition faite par erreur en vertu d'une stipulation ou de toute autre cause d'obligation qui n'a jamais existé, ne transférerait pas la propriété, le *Tradens* aurait contre l'*Accipiens* une action réelle, une *reivendicatio.*

Cette solution est contraire aux principes du droit romain. L'A*ccipiens* devenu propriétaire de la chose livrée est tenu par une action personnelle, la *condictio indebiti*, de retransférer la propriété en *Tradens*.

« On peut supposer, ajoute M. Accarias, la tradition intervenue en exécution d'un acte juridique existant en fait mais nul aux yeux de la loi. Ici encore la loi ne considérant que la double intention d'aliéner et d'acquérir, reconnaît l'effet translatif de propriété. Ce qui le démontre, c'est qu'une action personnelle, une *condicto ex injusta causâ* est organisée au profit du *Tradens*, afin d'obtenir que la propriété lui soit retransférée. »

Ces deux observations prouvent, jusqu'à l'évidence, que la *justa causa* est indépendante du contrat qui détermine la *traditio*, et qu'elle consiste uniquement dans une volonté spéciale et réciproque d'aliéner et d'acquérir.

CHAPITRE IV

ERREUR SUR L'IDENTITÉ DE L'OBJET

Nous savons qu'il est de l'essence de la convention qu'un consentement existe.

Or peut-on dire qu'il y a consentement lorsque les parties qui contractent ne s'entendent pas sur la chose qui fait l'objet de leurs obligations réciproques? Evidemment non, et le Jurisconsulte Pomponius s'exprime à cet égard de la façon la plus formelle : « In omnibus negotiis (1) contrahendis » sive bonâ fide sint, sive non sint, si error aliquis » intervenit ut aliud sentiat, puta qui emit aut qui » conducit, aliud qui cum his contrahit : nihil valet » quod acti fuit. » Puis comme application de cette règle le même Pomponius cite la société : « Et idem » in societate quoque cœunda respondendum est, » ut si dissentiant aliud alio existimante, nihil » valet ea societas quæ in consensu consistit. »

Un autre exemple nous est fourni par Ulpien dans le titre de *Contrahenda emptione,* « si igitur ego me

---

(1) **L.** 59, D., *De oblig. et action.* — Ainsi aucune distinction à faire entre les diverses espèces de contrat une seule classe de contrat ne peut être envisagée à ce point de vue parce qu'il est impossible d'y concevoir l'erreur *in corpore* c'est la classe des contrats se formant *rc.*

» fundum emere putarem Cornelianum, tu mihi te
» vendere Sempronium putasti, qui *in corpore dis-*
» *sensimus* emptio nulla est (1). » La vente est nulle,
il n'y a pas de contrat de vente. En effet, j'ai compris que je m'engageais à livrer le fonds Sempronien
et vous, vous avez acheté parce que dans votre opinion je devais vous livrer le fonds Cornélien. Quelle
espèce d'accord y a-t-il eu entre nous : Vous avez
voulu acheter, j'ai voulu vendre et nous avons eu
l'un et l'autre l'idée de former un contrat, c'est
vrai ; nous nous sommes rencontrés sur la nature
du contrat, d'accord ; mais sur l'objet même de notre
convention dissensimus et « cum incorpore dissen-
« tiatur apparet nullam esse emptionem. »

Si ce contrat devait être maintenu, quelles en
seraient les conséquences? Que pourrait exiger de
moi l'acheteur? Le fonds Cornélien? Je n'ai pas
voulu le vendre. D'un autre côté, pourrais-je obliger l'acheteur à recevoir le fonds Sempronien qu'il
n'a pas eu l'intention d'acheter ?

Cette matière n'offre aucune difficulté et si le
jurisconsulte Ulpien parle de l'erreur *in corpore*
c'est pour arriver à la solution d'une question plus
délicate que nous étudierons bientôt : « De l'influence de l'erreur *in Substantia* sur la validité du
contrat. »

On a l'habitude de citer comme exception à cette

______

(1) L. 9, D., *De cont. empt.*, XVIII, 1.

règle le cas où l'erreur ne porte plus sur la chose
qui fait l'objet principal du contrat, mais sur une
chose accessoire; à parler exactement ce n'est pas
une exception, c'est une conséquence de la règle :
Accessorium sequitur principale. Voici l'hypothèse
envisagée et résolue par Paul (L. 34, *de Cont.
empt.*, 18. I). Dans un contrat de vente immobilière
une clause accessoire est relative à la propriété de
Stichus « Dictum est accedere Stichum » plusieurs
esclaves du nom de Stichus appartiennent au vendeur de l'immeuble et sous le même nom l'acheteur
et le vendeur ont compris deux esclaves différents
« Nihilominus fundi venditionem valere constat. »
L'immeuble n'en est pas moins vendu, c'est évident ;
mais ajoute Paul : « Labeo ait eum Stichum deberi
» quem venditor intellexerit. » Cujas pense qu'il y
a là une incorrection et qu'il faut remplacer le mot
venditor par le mot *emptor* ; en d'autres termes,
d'après Cujas, la solution véritable, exacte, serait
contraire à celle qui nous est présentée par Paul, c'est
l'acheteur qui aurait le droit de réclamer l'esclave
Stichus qu'il avait en vue, et cela « quia obscuritas
» pacti nocere potius venditori qui dixerit quam
» emptori. »

Pothier repousse cette interprétation parce que,
dit-il, les premiers mots *In emptione*, prouvent que
c'est l'acheteur qui a proposé la clause accessoire,
c'est lui qui *dixerit*.

Ne pourrait-on pas expliquer ainsi cette décision ;
Le vendeur étant propriétaire de plusieurs esclaves

du nom de Stichus se trouve par ce fait débiteur d'un genre ; or le débiteur d'un genre a le droit de livrer au créancier l'objet de son choix.

« Nec refert, continue le jurisconsulte **Paul,** » quanti sit accessio, sive plus in ea fit quam in « ipsa re, cui accedat, an minus. » Qu'importe la valeur de l'accessoire ; qu'elle soit supérieure ou inférieure à celle de l'objet principal, la solution est toujours la même : Du moment que les parties se sont entendues sur l'objet principal du contrat, le contrat est valable; l'erreur sur l'objet accessoire est sans influence.

Il est donc très-important de reconnaître l'objet principal de l'objet accessoire d'une convention. Pour arriver à ce résultat, quelle méthode suivre? Nous venons de voir que la valeur de la chose n'est pas le *criterium* de cette distinction.

C'est la volonté des parties qui donne à deux objets ces qualités différentes de principal et d'accessoire.

CHAPITRE V

ERREUR SUR L'EXISTENCE DE LA CHOSE

Nous arrivons maintenant à cette combinaison : les parties contractantes sont d'accord sur la nature du contrat qu'elles veulent former, s'entendent sur la chose qui fait l'objet de leurs conventions, mais cette chose même n'existe pas. Bien entendu, nous plaçons l'anéantissement de la chose au moment de la formation du contrat, ce qui arrive postérieurement au contrat régulièrement formé, ne doit pas nous occuper. Il est clair que le contrat dont l'objet n'existe pas est un contrat nul, inexécutable (1). Aussi dans le texte que nous avons à analyser, les seules questions traitées sont des questions de bonne ou de mauvaise foi, de dommages et intérêts, de perte totale ou partielle.

Nous allons d'abord extraire de cette loi 57, *de Cont. empt.*, 18. 1, ce qui est relatif à la perte totale pour étudier ensuite les effets de la perte partielle.

PERTE TOTALE. — 1º L'acheteur et le vendeur sont tous deux de bonne foi. L'un et l'autre ignoraient, pour prendre l'exemple du texte, que la

_____

(1) L. 15, D., C., *empt.*

maison qui faisait l'objet de la vente, avait été entièrement consumée par les flammes ; la vente est
nulle, et l'acheteur qui a payé son prix a le droit de
le répéter : « Domum emi, cum eam et ego et ven-
» ditor combustam ignoraremus. Nerva, Sabinus,
Cassius, nihil venisse, quamvis area maneat, pecu-
niamque solutam condici posse aïunt. »

2° L'acheteur est de bonne foi, le vendeur connaissait le fait de l'incendie ; le contrat est également
nul et la *condictio indebiti* existe sn faveur de l'acheteur qui a payé son prix : « Sin autem venditor qui-
» dem sciebat domum esse exustam, emptor autem
» ignorabat, nullam venditionem stare, si tota do-
» mus ante venditionem exusta sit. »

3° Le vendeur est de bonne foi, l'acheteur au
contraire est de mauvaise foi ; c'est en connaissance
de cause qu'il a traité. Le contrat doit être maintenu. Si l'acheteur a payé, il a valablement payé,
et s'il doit son prix, il faut qu'il s'exécute : « Emp-
» tor quidem sciebat, venditor autem ignorabat,
» et hic enim oportet et venditionem stare, et
» omne pretium ab empore venditori, si non de-
» pensum est, solvi... vel si solutum sit, non repeti. »

4° Si les deux parties sont de mauvaise foi, il n'y
a rien de fait ; leur dol réciproque se compense :
« Si uterque sciebat, et emptor et venditor, domum
» esse exustam totam ; nihil actum fuisse : dolo inter utramque partem compensando. »

PERTE PARTIELLE. — Quand l'acheteur et le ven-

deur sont l'un et l'autre de bonne foi, si la perte est partielle, il est très-important de savoir quelle est la valeur de ce qui subsiste : la perte est-elle supérieure à la moitié de la valeur de la chose qui a péri, l'acheteur n'est pas tenu de respecter le contrat de vente; il peut refuser de payer, et s'il a payé, il a le droit de répéter : « Ut si quidem amplior domûs
» pars exusta est, non compellatur emptor perficere
» emptionem ; sed etiam, quod forte solutum habeo
» est, repetet. »

La perte est-elle égale ou inférieure à la moitié de la valeur de la chose qui a péri, l'acheteur doit considérer comme maintenu le contrat de vente, et, après expertise, il est déchargé d'une partie du prix proportionnellement à l'étendue de la perte : « Sin
» vero, vel dimidia pars, vel minor, quam dimidia
» exusta fuerit, tunc coartandus est emptor vendi-
» tionem adimplere, æstimatione viri boni arbi-
» tratu habitâ, ut quod ex pretio propter incendium
» decrescere fuerit inventum, ab hujus præstatione
» liberetur. »

Le vendeur est de mauvaise foi, l'acheteur est de bonne foi. Quelle que soit l'étendue de la perte, la vente est valable, mais le vendeur doit à l'acheteur des dommages et intérêts : « Si vero quantacum-
» que pars ædificii remaneat, et stare venditionem
» et venditorem emptori quod interest resti-
tuere. »

L'acheteur est de mauvaise foi, le vendeur de bonne foi, sans distinguer quelle est la valeur de la chose périe, la vente est valable, et l'acheteur doit payer le prix convenu tout entier.

Dans la dernière hypothèse, c'est-à-dire quand les deux parties sont de mauvaise foi, que la perte soit totale ou partielle, rien n'est conclu : « Quod si » uterque sciebat... domum esse exustam totam, » vel ex parte, nihil actum fuisse. »

En résumé, quand les deux parties sont de bonne foi, si la chose qui faisait l'objet du contrat a péri en totalité ou jusqu'à concurrence de plus de moitié, la vente est nulle. Si la perte est égale ou inférieur à la moitié de la valeur de la chose, la vente est valable et le prix est diminué proportionnellement à la perte subie. Si les deux parties sont de mauvaise foi, que la perte soit totable ou partielle, *Nihil actum est.*

L'acheteur est de mauvaise foi, le vendeur est de bonne foi, que la maison tout entière, ou qu'une partie de cette maison, ait été détruite par l'incendie, le contrat de vente est valable et l'acheteur doit payer intégralement son prix.

Enfin, le vendeur est de mauvaise foi, l'acheteur est de bonne foi. Dans le cas de perte totale, l'acheteur a droit de refuser de payer le prix, de répéter s'il a payé; si la perte est partielle, le contrat de vente est valable, mais le vendeur est tenu de donner des dommages et intérêts à l'acheteur.

Papinien dans la loi 58, *eod. tit.*, vient confirmer ce que nous dit Paul sur la perte totale de la chose qui fait l'objet de contrat, en déclarant que

si la prise en considération de certains arbres a
été la cause de la vente d'un fonds, la vente est
nulle dans le cas où ces arbres ont été renversés
par un ouragan ou consumés par un incendie :
« Arboribus quoque vento dejectis, vel absumptis
» igne, dictum est emptionem fundi non videri esse
» contractam, si contemplatione illarum arborum
» fundus comparabatur. » On peut aussi tirer de ce
texte un argument de faveur de l'opinion déjà émise
par nous que c'est la volonté des parties qui donne
à l'objet la qualité de principal ou d'accessoire.

CHAPITRE VI

ERREUR SUR LE COMMERCE DE LA CHOSE.

Tout ce qui existe n'est pas susceptible d'appropriation privée. Les premiers mots que nous lisons dans le deuxième commentaire de Gaius et dans le second livre des institutes s'appliquent à la distinction des choses, suivant qu'elles sont dans notre patrimoine ou en dehors de notre patrimoine. « Mo-
» do videamus de rebus quæ vel in nostro patrimo-
» nio vel extra patrimonium nostram habentur. »
M. Demangeat dans son cours élémentaire de droit romain donne une idée fort exacte de cette division. « Sont *in nostro patrimonio* les choses qui sont susceptibles d'appropriation, qui peuvent appartenir à une personne de manière à constituer sa fortune. Sont au contraire *extra patrimonium* des choses qui peuvent bien être utiles aux hommes mais qui par leur nature (1) ne sont pas susceptibles d'appropriation ne peuvent pas appartenir à une personne déterminée. » Est-ce dire autre chose que ceci : Sont dans notre patrimoine les choses qui sont dans le commerce, sont en dehors de notre patrimoine les choses qui ne sont pas dans le commerce.

---

(1) Ne serait-il pas plus complet de dire par leur nature, le droit des gens ou les mœurs.

Ces observations mêmes nous donnent la solution de l'hypothèse que nous avons à prévoir. En principe, est nul le contrat qui a pour objet une chose qui n'est pas dans le commerce, une chose sur la quelle nous ne pouvons acquérir aucun droit. Paul à cet égard est fort explicite. « Omnium rerum » quas vero natura vel jus gentium, vel mores civi- » tatis commercio exuerunt, earum nulla vendi- » tio est ». Pomponius par ces mot « Liberi ho- » minis emptio intelligitur si ab ignorante emi- » tur (1) » ne veut pas dire que la vente est valable, il ne fait que trouver compréhensible l'hypothèse de la vente d'une chose qui n'est pas dans le commerce; *et liberi hominis emptio intelligitur*, l'esprit conçoit parfaitement la possibilité d'une vente semblable; et Paul nous en donne la raison : « Quia » difficile dignosci potest liber homo a servo. »

Un texte de Rufinus pourrait sembler contraire à ce principe que la vente de la chose qui n'est pas dans le commerce est nulle. « Liberi hominis emptionem » contrahi posse plerique existimaverunt, si modo » inter ignorantes id fiat. Quod idem placet, etiamsi » vanditor sciat, emptor autem ignoret (2). » On serait donc disposé à dire que la bonne foi de l'acheteur a pour conséquence de valider la vente ; il nous paraît impossible d'admettre la validité d'un contrat

---

(1) L. 4, D., *De cont. empt.*
(2) L. 70, *eod. tit.*

dont l'objet est inexistant au point de vue particulier auquel se sont placées les parties. La bonne foi de l'acheteur ne sera pas sans influence, mais elle n'aura pas cette conséquence antijuridique de rendre efficace une vente sans objet ; car au point de vue du droit, la chose qui n'est pas dans le commerce n'existe pas : « Nec emptio nec venditio, sine » re quæ veneat, potest intelligi (1). » Modestin, dans la loi 62, *de contrahenda emptione* nous apprend quelle est la conséquence de la bonne foi de l'acheteur, quand la chose qui fait l'objet du contrat de vente n'est pas dans le commerce : celui qui de bonne foi a acheté des « loca sacra, vel religiosa, vel » publica pro privatis » a le droit de réclamer au vendeur des dommages et intérêts.

Dans le chapitre précédent, c'est-à-dire dans le cas où l'objet de la vente est détruit au moment même du contrat, les dommages et intérêts ne sont dus à l'acheteur que si le vendeur est de mauvaise foi. Nous n'avons pas ici à reproduire cette distinction, en effet : « Qui liberum hominem sciens vel » ignorans tanquam servum vendat evictionis no- » mine tenetur (2). » Pour quelle raison le vendeur de l'objet hors du commerce est-il tenu à des dommages et intérêts, même quand il est de bonne foi, tandis que le vendeur d'un objet qui

(1) L. 8, D. ' *eod. tit.*
2) D, 39, § 3, D., *De evictione,* , 1.XXI

n'existe plus ne doit des dommages et intérêts que s'il a été de mauvaise foi ? On a répondu : la personne qui vend une chose qui n'est pas dans le commerce, commet assurément une faute ; elle est certainement négligente et inexcusable ; le propriétaire au contraire dont la chose périt tout à coup ne saurait être rendu responsable de son ignorance. Cette dernière proposition est exacte ; mais la première n'est-elle pas trop absolue ? Nous avouons que nous ne voyons pas rationnellement pourquoi, dans certaines circonstances, le vendeur de bonne foi d'une chose hors du commerce, sera tenu à des dommages et intérêts envers l'acheteur.

Le vendeur est donc obligé de payer à l'acheteur des dommages et intérêts. Comment l'acheteur va·t-il exercer ce recours contre le vendeur ? Par l'action *ex empto ;* et voilà en quel sens on ne peut dire que la vente d'une chose hors du commerce est valable. De plus, en certaines circonstances, par exemple quand l'objet de la vente est important, c'était une coutume à Rome d'ajouter au contrat de vente une clause par laquelle, le vendeur promettait à l'acheteur de lui restituer le double du prix pour le cas où il viendrait à être évincé, et le vendeur qui refusait de faire cette promesse manquait à la bonne foi. Ces deux actions *ex empto, ex stipulatu,* coexistent au profit de l'acheteur ; comme leur résultat n'est pas le même, l'acheteur a le droit de choisir celle des deux qui lui est le plus profitable : Ainsi, quand j'achète de bonne foi une chose qui n'est pas dans le commerce, je dois être indemnisé par le vendeur du préjudice que j'ai eu à subir, et pour arriver à ce résultat je puis agir toujours *ex empto*, quelquefois *vel ex empto, vel ex stipulatu.* La vente qui a pour objet une chose·hors du commerce est tellement nulle qu'elle ne pourra jamais valoir, quand bien même, la chose qui était hors du commerce deviendrait par la suite négociable. Ce qui peut se produire, mais sans exercer aucune influence sur le caractère de nullité de la vente : « Nec ad rem pertinet quod jus mutari potest et » id quod nunc impossibile est postea possibile » fieri (1). »

On parle dans ce texte de la stipulation, comme aussi dans le § 2 du titre de *Inutilibus stipulationibus* aux Institutes (Liv. 3, tit. 19) : « Idem juris est » (id est inutilis erit stipulatio) si rem sacram aut » religiosam quam humani juris esse credebat, vel » publicam quæ usibus populi perpetuo exposita sit, » vel liberum hominem, vel rem cujus commercium » non habuerit, dari quis stipulatur : nec in pen-» denti erit stipulatio ob id quod publica res in » privatum deduci potest..... sed protinus inutilis » est. » La deuxième partie de ce texte ne doit pas nous arrêter, c'est la confirmation de ce que nous avons dit. Mais nous ne devons pas oublier de remarquer la manière dont s'exprime Justinien,

____

(1) L. 137, § 6, D., *De verbor. oblig.*, XLV, 1.

quand il parle de la nullité de la stipulation d'une chose qui n'est pas dans le commerce : « Inutilis erit stipulatio. » La stipulation est nulle absolument nulle, et nous ne voyons pas que le stipulant de bonne foi ait une action contre le promettant qui par sa négligence a pu lui causer un préjudice.

Pourquoi cette différence entre la vente et la stipulation ? Cela tient à la nature particulière de la stipulation. L'ignorance de celui qui stipule la datio d'une chose hors du commerce, ne lui profite en rien. Il ne peut demander ni ce qu'il a stipulé par ce que la datio est impossible, ni aucune autre chose, parce qu'on ne peut pas étendre hors de ces termes le contrat qui est le droit strict.

Jusqu'à présent les textes étudiés citent comme n'étant pas dans le commerce les loca sacra, res religiosæ et les hommes libres. Parlons pour terminer cette matière de la vente d'une chose qui par sa nature capable d'être vendue a perdu cette qualité par suite d'un délit, c'est-à-dire, de la res furtiva, Comme il n'y a rien d'exceptionnel dans les solutions données par le jurisconsulte Paul (Loi 34 § 3, .D., de *contrahenda emptione*) nous n'insisterons pas sur cette hypothèse ; ce n'est qu'une confirmation des principes déjà établis : « Si et emptor et » venditor scit furtivum esse quod venit, a neutra » parte obligatio contrahitur ; si emptor solus scit, » non obligabitur venditor ; quod si venditor scit, » emptor ignoravit, utrinque obligatio contrahitur.» Donc, si l'acheteur est de mauvaise foi, aucune obligation n'a pris naissance contre le vendeur, et l'acheteur n'est pas tenu de payer son prix : si au contraire le vendeur seul savait que la chose était volée, l'acheteur aura contre lui l'action en dommages et intérêts. Nous ne croyons pas que l'on doive soutenir que la vente est valable à un autre point de vue. Nous mettons ici la res furtiva sur le même rang que la res religiosa, et nous faisons entre ces deux choses une assimilation complète. En effet dans Gaius, la res furtiva est mise sur le même rang que le locus sacer et la res religiosa : « *Si quiem* » *furtivam* possideat, nunquam tamen usucapio, » procedit, item liberos homines et res sacras et reli- » giosas usucapi non posse manifestum est (1). » S'il est juste de décider que la vente de la chose volée est nulle, s'il est exat de dire que la res furtiva ne peut être usucapée non plus que les res religiosæ et les hommes libres, pourquoi la bonne foi de l'acheteur aurait-elle pour conséquence de valider le contrat de vente d'une chose volée qui n'est pas plus dans le commerce qu'une chose sacrée dont la vente consentie à un acheteur de bonne foi permet seulement à ce dernier d'agir ex empto contre le vendeur.

---

(1) Gaius, C., 2, §§ 45 et 48; Inst., §§ 1 et 2, (t. 6. L. 2.)

CHAPITRE VII

DE L'ERREUR SUR LA PROPRIÉTÉ

Deux hypothèses différentes doivent être soumises à notre examen ; et, pour que la chose soit plus aisée à comprendre, prévoyons le cas d'une vente : Deux erreurs sont possibles : Ou l'acheteur peut croire le vendeur propriétaire de la chose qu'il achète, tandis qu'elle ne lui appartient pas, ou l'acheteur peut être déjà propriétaire de la chose qu'il veut acquérir.

Chez les Romains, la vente de la chose d'autrui est valable : « rem alienam » distrahere quem posse, nulla dubitatio (1) » dit le jurisconsulte Ulpien. Certainement on peut vendre la chose d'autrui, car, « emptio est et venditio, » que le vendeur soit ou non propriétaire de la chose vendue. On est tenté de croire que la vente de la chose d'autrui est valable, parce que le vendeur n'est pas obligé de transférer la propriété à l'acheteur ; ce n'est pas exact, dit M. Demangeat, on peut léguer la chose d'autrui, et cependant l'hé-

____

(1) L. 28, D., *De cont. emp* .

ritier doit transférer la propriété au légataire; de même, on peut promettre sur stipulation une res aliena, et cependant, le promettant doit transférer la propriété au stipulant. Si la vente de la chose d'autrui était permise chez les Romains, c'est tout simplement parce que le mot *vendere* ne signifie pas aliéner, mais signifie s'obliger à fournir (1). »

2° *hypothèse.* — Je suis déjà propriétaire de la chose qui fait l'objet du contrat de vente. Quel sera le résultat d'un tel contrat ? « *Suæ rei emptio non valet* » dit le jurisconsulte Pomponius. La vente est nulle : mais pourquoi ? Le but de la vente n'est pas de rendre l'acheteur propriétaire, le jurisconsulte Paul (Loi I. *Pr.*, D., *de Rerum permutatione*, D., 19. 4), énumère les obligations du vendeur : *venditori sufflcit ob evictionem se obligare, possessionem tradere et purgari dolo malo.* » La raison pour laquelle cette vente ne doit pas être déclarée valable se trouve dans cette considération : L'acheteur, déjà propriétaire de la chose, ne peut plus acquérir un droit quelconque sur cette chose; investi du plus absolu de tous les droits, il serait absurde d'admettre qu'il a pu valablement acquérir un droit quelconque « *quod jam meum est non magis meum esse potest*, dit Faber, et cette vente est nulle, que l'acheteur soit de bonne ou mauvaise foi; mais si au point de vue de la nullité de la vente, il

______

(1) *Cours élémentaire de droit romain*, Demangeat, t. 2, p. 315.

est sans intérêt de rechercher si l'acheteur a été de
bonne ou mauvaise foi, au point de vue de la répétition du prix, cet intérêt est considérable. « *Sed si
ignorans emi, quod solvero repetere potero, quia
nulla obligatio fuit.* » Si j'ai payé de bonne foi,
je pourrai, par la *condictio indebiti*, répétér le paiement que j'ai fait; car aucun lien ne s'est formé. Si,
au contraire, j'ai su, en contractant, que la chose
était à moi, si j'ai payé sans être dans l'erreur, la
condictio indebiti ne peut plus exister en ma faveur,
je suis présumé avoir voulu faire une donation au
vendeur. La chose dont je suis déjà propriétaire est
en quelque sorte une chose qui pour moi n'est pas
dans le commerce. Pourquoi, acheteur de bonne foi
d'une chose hors du commerce, ai-je le drot d'intenter une action en dommages et intérêts contre le vendeur, et pourquoi acheteur de ma propre chose puis-
je seulement répéter ce que j'ai payé? On a répondu :
c'est parce que l'acheteur de sa propre chose est
coupable d'une faute. Il aurait du savoir que cette
chose lui appartenait. Ne peut-on pas dire plutôt
que la situation de celui qui, de bonne foi, achète
une chose hors du commerce est bien différente de
la situation dans laquelle se trouve celui qui, de
bonne foi, achète sa propre chose : celui qui déjà
est propriétaire de la chose qu'il veut acheter n'est
pas déçu dans son espérance; il est bien propriétaire de la chose qu'il veut acquérir : il aurait une
action en dommages et intérêts, que pourrait-il réclamer de plus que le prix de la chose vendue? C'est

là tout le préjudice qui lui est causé : il a payé un certain prix pour acquérir ce dont il était déjà propriétaire, on lui restitue ce qu'il a payé. Au contraire, celui qui, de bonne foi, achète une chose qui n'est pas dans le commerce est déçu, il n'est pas propriétaire de la chose qu'il voulait acquérir ; *nihil actum est.* Pour lui donc existe un préjudice peut-être considérable et bien supérieur à la valeur du prix qu'il a payé.

Si l'achat de sa propre chose est nul, à plus forte raison la stipulation d'une chose qui déjà vous appartient, ne saurait valoir : « *nemo rem suam utiliter stipulatur,* » dit le jurisconsulte Ulpien (1).

Nous trouvons au titre du mandat, une combinaison intéressante à examiner : ce n'est plus une personne qui achète par erreur sa propre chose, c'est un individu qui vend comme appartenant à autrui, la chose dont il est propriétaire : « Servum Titii emi, ab alio bona fide et possideo ; mandatu meo eum Titius vendidit, quum ignoraret suum esse : de jure evictionis et mandatu meo quæsitum est (2) ? »

J'avais acheté d'un tiers et de bonne foi un esclave appartenant à Titius ; puis, sur mon mandat, Titius vend cet esclave, ignorant qu'il est à lui. Titius a-t-il perdu le *dominium* qu'il avait sur la

(1) L. 82, D., *De verb. oblig.*, XLV 1.
(2) L. 49, D., *Mand. vel contra*, XVII. 1.

chose ? Non ; *quia nemo errans rem suam amittit.*
Alors il peut revendiquer l'esclave comme lui appartenant ? Pas davantage. En droit romain, c'est le mandataire lui-même qui vend, c'est Titius, dans l'exemple cité, qui est tenu de garantir la *vacuam possessionem rei venditæ atque traditæ;* de sorte que s'il voulait revendiquer la chose dont il est propriétaire, mais qu'il a vendue, l'acheteur lui opposerait l'exception *rei venditæ atque traditæ.* En effet, Pothier après avoir posé cette règle : « *Non solum qui proprio sed etiam qui procuratorio nomine vendiderit rei venditæ atque traditæ exceptione repellitur,* » cite la loi même que nous venons d'expliquer pour affirmer sa proposition. On oppose à ce texte la loi 35 au D., *de Acq. rer. dom.,* 41, I, dans laquelle Ulpien décide que si mon mandataire livre à un tiers une chose dont il est propriétaire et qu'il croit être ma propriété (c'est l'hypothèse du texte précédent) le droit de propriété n'a pas été transféré, *quia nemo errans rem suam amittit.* Mais Marcellus ne dit pas le contraire; ce qu'il refuse, au mandataire dans la loi 49 précitée, c'est le droit de revendiquer par ce qu'il est vendeur et que l'acheteur serait en droit de lui opposer l'exception *rei venditæ atque traditæ.*

CHAPITRE VIII

ERREUR SUR LA QUANTITÉ

Les contractants sont d'accord sur l'objet, qui est négociable, sur la nature du contrat qu'ils veulent conclure; le vendeur est propriétaire de la chose qu'il veut vendre et au moment de la vente la chose existe; mais la quantité livrée par le vendeur est inférieure ou supérieure à celle que l'acheteur pensait acquérir.

Occupons-nous d'abord du cas où la quantité livrée est inférieure à la quantité exprimée : « Si » in emptione modus dictus ei non præstatur, ex » empto actio est », dit Paul (1).

L'hypothèse est celle-ci : Je vous ai promis cent arpents de terre, et le champ que je vous livre ne contient que quatre-vingt-dix arpents; moi, acheteur, j'ai le droit de demander la contenance exacte, et pour arriver à ce résultat, je puis intenter contre le vendeur l'action *ex empto*. La loi 4, § 1, du même titre, ne nous laisse aucun doute à cet égard ; « Si » modus agri minor inveniatur, pro numero juge-

____

(1) L, 2, D,, *De act. empti.*, XIX, 1.

» rum auctor obligatus est. » Si la mesure est inférieure à celle que l'acheteur était en droit d'exiger,
le vendeur est tenu de lui livrer la différence. Si cela
est impossible, l'acheteur ne pourra pas demander
une indemnité égale à la perte qu'il éprouve : « Quia
» ubi modus minor invenitur, non potest æstimari
» bonitas loci qui non exstat. » Mais il devra obtenir une réduction proportionnelle de son prix. Le
jurisconsulte Paul continue ainsi (L. 2, déjà citée)
« Sed non solum si modus agri totius minor est, agi
» cum venditore potest, sed etiam de partibus ejus,
» ut puta, si dictum est vineæ jugera tot esse vel
» oliveti et minus inveniatur. » Ainsi, vous achetez
un fonds dont la division est celle-ci : cinquante
arpents de vigne, vingt-cinq d'oliviers ; si vous
trouvez quarante-cinq arpents de vigne, vous avez
le droit de demander au vendeur de parfaire la différence, et si cela est impossible vous pouvez exiger
une réduction de prix.

Mais que décider si, ayant acheté un fonds composé, croyez-vous, de cinquante arpents de vigne
et vingt-cinq arpents de prés, le fonds livré mesure
cinquante-cinq arpents de vigne et vingt arpents
de terre labourable ? Paul, dans la loi 42 (1), rapporte les paroles de Labéon, qui fait observer que
dans le cas où le fonds livré a exactement la mesure que l'acheteur peut exiger, celui-ci n'est pas

_____

(1) L. 42, D., *cod. tit.*

en droit de se plaindre si les divisions de ce fonds
ne sont pas conformes à celles qui ont été arrêtées : « Videamus ne nulla querela sit emptoris, in
» eodem fundo si plus inveniat in vinea quam in
» prato, cum universus modus constat. » Paul ne
cite Labéon et ne s'occupe de l'hypothèse même
précédemment étudiée que pour arriver à résoudre
cette question : Une personne a vendu pour un seul
et même prix deux fonds dont elle a déterminé la
superficie. Quelques arpents manquent à un champ,
tandis que la contenance de l'autre est supérieure à
celle que le vendeur avait indiquée : « Si duorum
» fundorum venditor separatim de modo cujusque
» pronuntiaverit et ita utrumque uno pretio tra-
» diderit, et alteri aliquid desiit, quamvis in altero
» exsuperet. »

Y aura-t-il, dans ce cas, compensation? Autrement dit, l'acheteur doit-il se contenter de la superficie totale qu'il est en droit d'exiger? « Non pro-
» derit ei (*id esi venditori*) quod in altero ducenta
» decem inveniuntur, si in altero decem desint. »
Le vendeur ne pourra donc pas profiter du surplus
constaté dans l'étendue d'un champ pour se dispenser de donner la mesure exacte du champ.
Dans la suite du texte de Paul, sont reproduites
les objections auxquelles répond Labéon : mais le
vendeur ne pourra-t-il pas opposer l'exception de
dol à l'acheteur qui viendra réclamer? « An excep-
» tio doli mali venditori profitura sit potest dubi-
» tari? »

La réponse à cette objection est celle-ci : peut on trouver coupable de dol l'homme qui use de son droit? « At non facit dolo qui jure perpetuo utitur. » Et après s'être exprimé en ces termes, la conclusion de Labéon reste la même : « Tunc ven-
» ditor tenetur cum minor modus invenitur; » c'est après avoir émis cette opinion, que ce juris-consulte fait cette remarque : « Videamus tamen
» ne nulla querela sit emptoris in eodem fundo, si
» plus inveniat in vinea quam in prato, cum uni-
» versus modus constat. »

« Similis quæstio, ajoute Labéon, potest esse ei,
» quæ in duobus fundus agitata est, et si quis duos
» statuliberos uno pretio vendat, et dicat unum
» decem dare jussum qui quindecim dare de-
» bebat : Et hic tenebitur ex empto actione,
» quamvis emptor a duobus viginti accepturus
» sit. » Pour compléter ce texte, il faut supposer,
comme le dit Pothier : « Alter autem quum decem
» dare pariter dixerat, quinque duntaxat dare
» jussus sit. » Labéon déclare que, dans ce cas,
l'acheteur aura une action *ex empto* contre le vendeur, bien qu'il doive recevoir, comme c'était convenu, une somme totale de vingt sous d'or, à
l'époque de l'affranchissement des deux statuli-
beres. Paul, avec raison, n'admet pas ces différentes solutions et : « Rectius est, dit-il, in omni-
» bus scriptis supra casibus, lucrum cum damno
» compensari; et si quid deest emptori sive pro
» modo, sive proqualitate loci, hoc ei resarciri. »

C'est l'origine de la disposition de notre art. 1623 :

2° La quantité livrée est supérieure à la quantité exprimée : « Hactenus, dit Pothier, de casu quo rei » venditæ quantitas minor est eâ quam venditor » affirmavit. Quid si vice versa major sit ? Hoc emp- » toris lucro cedit. » En langage vulgaire, tant mieux pour l'acheteur. Cette décision s'applique au cas où j'ai vendu pour un prix déterminé un fonds de tant d'arpents ; mais lorsque j'ai vendu un fonds de dix-huit arpents, à raison de tant l'arpent, et que le champ livré est d'une contenance de vingt arpents, l'acheteur devra payer la différence (Paul, loi 40, § 2, *de contrahenda emptione*) : « Qui agrum » vendebat dixit fundi jugeræ decem et octo esse ; » et quod ejus admensum erit ad singula jugera » certum pretium stipulatus erat. Viginti inventa » sunt : pro viginti debere pecuniam respondit. » Donc, quand l'objet sur lequel porte l'erreur est un corps certain, un contrat n'est pas nul parce qu'il y a erreur sur la quantité de l'objet, mais bien entendu, les parties contractantes, peuvent faire dépendre de cette quantité la validité du contrat.

Jusqu'à présent nous n'avons parlé que de l'erreur sur la quantité d'un objet certain, déterminé en dehors de la quantité même. Mais l'erreur sur la quantité peut exister relativement à une chose que la quantité détermine, par exemple sur une somme d'argent.

Dans un contrat commutatif. cette somme d'argent étant considérée comme l'équivalent de l'obligation contractée par l'autre partie, l'erreur sur la quantité empêche le contrat de naître, quand la quantité offerte est inférieure à la quantité prévue; par exemple : je vends à Sempronius l'esclave Stychus pour 20 sous d'or, Sempronius m'offre 10 sous d'or. Assurément le vendeur considérait la somme de 20 sous d'or comme l'équivalent de Stychus, et du moment que la somme offerte par l'acheteur est inférieure à celle que le vendeur croyait recevoir en échange de son droit de propriété, le concours de volontés n'existe plus. Il y a des offres réciproques sans qu'un lien de droit ait pu se former.

Mais si nous renversons l'hypothèse, nous ne trouvons aucune raison qui puisse motiver la nullité du contrat. Je vends à Titius le fonds Cornélien, moyennant 100 sous d'or, Titius m'en offre 150. Il est bien évident que si Titius consent à acheter le fonds Cornélien moyennant 150 sous d'or, ce n'est pas aller contre sa volonté que de l'obliger à l'acquérir moyennant 100 sous d'or.

Dans la stipulation dont le caractère est bien différent de celui de la vente, quel serait le résultat de cette erreur *in summâ?* La stipulation est valable jusqu'à concurrence de la somme la plus faible : je stipule de vous 20 sous d'or; vous m'en promettez 10. Je suis tenu de vous payer 10 sous d'or. C'est la décision même d'Ulpien Loi 1, § 4, D., *De verb. oblig.*, 45, 1 : « Si me viginti interro-» gante, tu decem respondeas, obligatio nisi in

» decem non erit contracta, » quia, dit Paul,
» semper id quod minus est sponderi vide-
» tur (1). » Si au contraire je stipule de vous 10
et que vous me promettiez 20, je puis exiger 10.
« Si stipulanti decem, tu viginti respondeas non
» esse constractam obligationem nisi in decem
» constat. » La stipulation est donc valable jusqu'à concurrence de la somme la plus faible, et cependant fait remarquer Ulpien, la réponse doit être
exactement conforme à la demande. « Licet enim
» oportet congruere summam, attamen manifes-
» tissimum est viginti et decem inesse. » Aux institutes nous lisons : « Inutilis est stipulatio si
» quis ad ea quæ interrogatus erit non respondeat,
veluti, si decem aureos a te dari stipuletur, tu
» quinque promittas, vel contra (2). » Ainsi, d'après
Justinien et Gaius, la stipulation est nulle si, me
demandant 10, vous me promettez 5, vel contra ;
est-il possible de concilier le § des Institutes avec
les textes du Digeste que nous avons cités Nous
ne le croyons pas. Chez les Romains la question était controversée ; le passage de Gaius en est
un témoignage. Certains jurisconsules considéraient
chaque somme d'argent comme un objet distinct.
Gaius admettait cette manière de voir. Paul et Ul-

(1) L. 13, § 3, D., *eod. tit.*
(2) Inst., § 5. III, 19, — Gaïus, C. III, § 102.

pien au contraire considéraient les sommes comme des quantités, comme un composé d'unités. En résumé, d'après Paul et Ulpien l'erreur sur la somme est une erreur *in quantitate,* d'après Gaius c'est une erreur *in corpore.* De là leurs décisions contraires.

CHAPITRE IX

ERREUR SUR LA SUBSTANCE

Le concours de volontés existe, il y a consentement sur la chose qui fait l'objet du contrat, par exemple : le liquide que vous m'avez livré est bien celui que vous m'avez présenté lors du contrat de vente, la bague que je porte en ce moment est la bague même que vous m'avez vendue. Mais cette chose parfaitement déterminée, reconnue par moi comme étant l'objet du contrat que nous avons voulu former, n'a pas les qualités que je croyais trouver en elle. Notre étude dès lors a pour but de rechercher quelle influence cette erreur peut exercer sur le contrat. Cette influence est différente, selon que l'erreur tombe sur une qualité plus ou moins importante de la chose. Si l'erreur a pour objet une qualité substantielle de la chose, le contrat peut être annulé. L'influence de l'erreur est au contraire nulle, quand la qualité qui fait défaut est une qualité accessoire. Est-il possible de donner une définition de la qualité accessoire et de la qualité substantielle. Lorsque nous nous sommes occupés de l'erreur sur l'objet, nous avons déclaré que la distinction entre l'objet principal et l'objet accessoire du contrat dépendait uniquement de l'intention des parties; nous répondrons de même, c'est la volonté des contractants qui détermine la qualité substantielle d'une chose. Pothier s'explique à cet égard d'une façon nette et précise : « L'erreur annule la convention, non-seulement lorsqu'elle touche sur la chose même, mais lorsqu'elle touche sur la qualité de la chose que les contractants ont eue principalement en vue, et qui fait la substance de cette chose. » Nous sommes d'avis que ces explications sont parfaitement applicables à la théorie romaine, et qu'il est inexact de confondre la qualité substantielle de la chose avec sa matière.

La loi 11, § 1 *de Contrahenda emptione* vient confirmer notre opinion. Ce qui a pu faire naître cette confusion, c'est que le plus souvent la qualité substantielle, c'est-à-dire la qualité que les parties ont principalement en vue, lorsqu'elles contractent est la matière de la chose, qui fait l'objet de leur convention. En effet les lois 9, § 2. 14, 41, § 1, *de Contrahenda emptione* qui s'occupent d'erreur sur les qualités substantielles, fournissent comme exemple des hypothéses où l'erreur porte sur la matière.

Dans la loi 9 § 2, Ulpien, après avoir parlé d'erreur *in corpore*, arrive à la question délicate de l'erreur *in substantia*. Voici ses expressions : « Inde quæri-
» tur, si in ipso corpore non erratur, sed in subs-
» tantia error sit, ut puta, si acetum pro vino ve-
» neat, æs pro auro, vel plumbum pro argento, an
» emptio et venditio sit : Marcellus scripsit emp-

» tionem esse et venditionem, quia in corpus con-
» sensum est, et si in materia sit erratum. Ego in
» vino quidem consentio... si modo vinum acuit ,
» si vinum non acuit, sed ab initio acetum fuit...
» aliud pro alio venisse videtur. » Ainsi dans ce
texte, deux opinions contraires sont rapportées. Si
j'achète du vinaigre pour du vin, du cuivre pour
de l'or, du plomb pour de l'argent, la vente est valable, dit Marcellus, par ce qu'il y a consentement
in corpore. Ulpien répond d'une façon moins absolue : Si le vinaigre est du vin aigre, la vente est
valable ; si au contraire le vinaigre est du vinaigre
préparé comme tel et non du vin aigri, la vente est
nulle, parce que dans ce dernier cas, il y a erreur
in materia.

Cette distinction d'Ulpien est subtile, mais nous
préférons son opinion à celle de Marcellus. C'est un
progrès juridique de ne plus envisager seulement le
corpus, mais de le décomposer, et de voir s'il y a
erreur *in substantia*.

On peut remarquer que, se demandant si l'erreur
in substantia a quelque influence sur la validité du
contrat, Ulpien conclut en déclarant que la vente
dans l'hypothèse proposée sera nulle, parce qu'il y
a erreur *in materia*. Faut-il dire pour cela que la
substance et la *materia* sont dans la pensée d'Ulpien
deux choses identiques ? Non, mais il faut reconnaître, comme nous l'avons déjà indiqué que la
matière étant le plus souvent la qualité que les contractants ont principalement en vue, la matière est

dans cette espèce la qualité susbstantielle de la chose.

Julien dans la loi 41, D. *cont. empt.* plus absolu qu'Ulpien donne une décision directement contraire à celle de Marcellus : je crois acheter une table d'argent massif c'est une table d'argent plaqué ; la vente est nulle et le prix peut être répété s'il a été payé.

Dans la loi 11 D. *cont. empt.* Ulpien prévoyant l'hypothèse ou j'achète un esclave croyant acquérir une esclave décide que la vente est nulle « quia » in sexu error est, nulla emptio, nulla venditio. » Certes il est impossible de soutenir que dans ce cas la vente est nulle parce qu'il y a erreur *in materia ;* la nullité tient à ce que l'erreur porte sur une qualité substantielle de la chose, à ce que les effets du contrat ainsi formés seraient tout différents de ceux que l'acheteur a pu prévoir. Pothier dans ses Pandectes confirme par cette loi 11 la proposition suivante qui concorde en tous points avec notre théorie : « Errori materiæ comparari potest error in » sexu ; sexus enim substantiam mancipii venditi » constituit ; undè iste error viciat contractum. »

Donc la substance chez les Romains mêmes, ne devait pas se confondre avec la matière. La vente pouvait être déclarée nulle, lorsque d'accord sur l'objet, les parties ne s'étaient pas entendues sur une qualité de la chose, non sur une qualité quelconque, mais sur une qualité que nous appelons substantielle dont le caractère propre est de ne pou-

voir se définir d'une manière absolue et qui vari
avec chaque convention.

On oppose à cette théorie deux lois : la loi 14 e
la loi 45 du titre D. *cont. empt.*

Nous n'hésitons pas à soutenir que la loi 1
n'affaiblit en rien les règles que nous avons été
blies et que la loi 45 dont les derniers mots son
l'objet d'une très-sérieuse controverse fournit u
argument qui n'est pas beaucoup plus redoutabl
que celui que l'on tire de la loi 14.

Voici l'hypothèse de la loi 14. Les parties contra
tantes sont l'une et l'autre dans l'erreur , l'erre
porte *in materia* et le jurisconsulte Ulpien ci
comme exemple le cas où croyant que l'objet d
contrat est de l'or c'est du cuivre que j'achète, c'e
du cuivre que vous me vendez. La vente est null

« Sin autem aes pro auro veneat, non valet. »

C'est sur une qualité de la chose que l'erreur de
contractants a porté, et Ulpien nous cite comm
exemple le cas où un cohéritier a vendu à son cohéritier pour le prix de l'expertise un bracelet que
tous les deux pensaient être en or.

Le bracelet n'était pas de cuivre, mais il entrait
dans son alliage plus de cuivre que les parties né
l'avaient supposé. La vente est nulle ? Non. « Quia
» auri aliquid habuit. » Voici la conclusion du texte.
Quand il y a erreur sur l'alliage, la vente est valable.
« Nam si inauratum aliquid sit, licet ego aureum
» putem, valet venditio. »

Que prouve cette loi contre notre théorie? Dans

sa première partie elle déclare la vente nulle, quand l'erreur des contractants a porté sur la matière de la chose qui faisait l'objet de la convention. Dans sa deuxième partie elle déclare valable la vente du bracelet, parce que c'est sur une qualité accidentelle que les contractants ont commis une erreur sans conséquence. Je voulais acheter un bracelet d'or, c'est un bracelet d'or qui a fait l'objet du contrat, son alliage est moins précieux que nous ne le pensions, c'est là une considération sans influence sur la validité de la vente. La seule conséquence à tirer de ce délai c'est qu'Ulpien ne considère pas la composition de l'alliage comme une qualité substantielle de l'objet.

Voyons si dans la loi 45 nous trouverons des raisons sérieuses de modifier notre théorie.

La loi 45 se compose de deux parties. Dans la première nous ne rencontrons aucune difficulté d'interprétation ; dans la deuxième on pourrait presque dire qu'il y a autant d'explications différentes que de personnes ayant traduit la loi.

Voici l'hypothèse prévue : j'achète comme neufs des vêtements remis à neuf ; si je suis de bonne foi, j'ai le droit de demander des dommages et intérêts au vendeur. « Emptori præstandum quod interest, » si ignorans interpola emerit.

Julien fait cette remarque : si le vendeur est aussi de bonne foi il doit à l'acheteur la différence entre le prix réel et le prix payé. Si le vendeur est de mauvaise foi, il est tenu de réparer tout le dom-

mage. « Julianus ait : si quidem ignorabat vendi-
» tor ipsius rei nomine teneri; si ·sciebat etiam
damni quod ex eo contingit. »

Si la loi 45 se terminait ainsi, pourrait-on l'opposer victorieusement aux règles que nous avons éta-
blies. L'erreur dans laquelle l'acheteur est tombé
porte sur une qualité accidentelle de l'objet. Ce que
voulait l'acheteur c'était acheter des vêtements; que
la qualité des vêtements soit inférieure à celle que
supposait l'acheteur, c'est un motif qui peut avoir
pour conséquence de modifier les conditions de la
vente, mais qui n'est pas assez sérieux pour faire
annuler le contrat. La qualité substantielle de
chose c'est la qualité de vêtements. Et en effet il
n'y a pas plus de difference entre des vêtements
vieux et des vêtements remis à neuf, qu'entre de
l'or fin et de l'or à bas titre.

« Quemadmodum, continue Marcien, « si vas au-
» richalcum pro auro vendidisset ignorans, tenetur
» ut aurum quod vendidit præstet. » Certains jurisconsultes donnant à *aurichalcum* une signification d'après laquelle ce mot désignerait non pas une
composition dans laquelle entrerait de l'or, mais un
mélange de cuivre et de calamine, opposent cette
décision de Marcien à la loi 9 d'Ulpien et s'effor-
cent de concilier ces textes.

Averanius a trouvé une explication très-ingénieuse mais aussi arbitraire qu'ingénieuse :

Le vendeur avait deux vases, l'un d'or, l'autre
d'aurichalcum qu'il considérait comme étant égale-

ment d'or. Ce n'est pas le vase d'or, ni le vase d'aurichalcum qu'il vend. L'objet de la vente est l'un de ces vases, c'est-à-dire un genre ; voilà la raison de sa validité. Le vendeur a livré un vase d'aurichaleum tandis qu'il devait livrer un vase d'or, c'est pourquoi il est tenu *aureum præstare*.

Cujas déclare que la vente est nulle, mais que le vendeur doit livrer le vase d'or. Nous répondrons : en vertu de quelle obligation ?

M. de Savigny ne cherche pas à concilier les textes. Il voit dans la citation de Marcellus (loi 9), et de Labeon (loi 45), la preuve de l'ancienne doctrine. La vente est valable du moment qu'il y a consentement *in corpore*. C'est plutôt un moyen de tourner la difficulté qu'une explication. De plus nous ferons remarquer que la conclusion de Labeon étant la validité de la vente des vêtements remis à neuf et qu'une assimilation, semblant indiquée par mot *quemodmodum*, entre la conclusion qui précède et celle qui va suivre, il serait singulier que cette dernière phrase vînt non pas confirmer mais contredire la décision de Labeon.

Pour expliquer cette loi on ne peut pas se fonder sur la composition exacte de *l'aurichalcum* ou *orichalcum*, nous trouvons le mot *aurichalum* pris dans deux sens différents par les Romains eux-mêmes. Nous n'avons pas à rechercher, au point de vue chimique, quelle est l'exacte combinaison connue sous le nom d'aurichalcum, nous avons à nous demander quelle est à cet égard la pensée du jurisconsulte qui a écrit cette loi. Nous croyons que Marcien, en parlant d'aurichalcum, fait allusion à un mélange où l'or n'est pas étranger, et cela parce que dans la première hypothèse prévue par le texte, l'erreur de l'acheteur ne porte pas sur la matière de l'objet, on ne m'a pas trompé sur l'étoffe dont mon vêtement est fait ce n'est pas là l'hypothèse de la loi ; on m'a trompé sur une qualité accidentelle. Le vêtement au lieu d'être neuf est un vêtement remis à neuf. Après avoir cité cet exemple, le jurisconsulte continue : « *Quemodmodum* » De même que. C'est donc qu'il y a analogie entre le cas que Marcien vient d'examiner et celui qu'il ne fait qu'indiquer. Eh bien, est-il possible d'établir une analogie entre la situation de celui qui achète des vêtements ayant l'apparence de vêtements neufs et la position de celui qui au lieu d'un vase d'or achète un vase de cuivre ? Si telles étaient les deux hypothèses de la loi, ce serait une différence et non une ressemblance que le jurisconsulte devrait constater dans les effets du contrat.

Nous considérons donc au point de vue qui nous occupe l'aurichalcum comme un or d'une espèce particulière, sans cependant affirmer que l'aurichalcum, au point de vue scientifique, ne soit pas un mélange de cuivre et de calamine, c'est une question dont nous abandonnons la solution à de plus compétents. De telle sorte que dans la deuxième partie du texte comme dans la première, l'erreur a pour objet non pas une qualité substantielle mais

une qualité accidentelle de la chose. La validité de
la vente de vêtements remis à neuf et du vase d'aurichalcum, est la confirmation de ce principe : L'erreur sur la qualité accidentelle est sans influence
sur la validité du contrat.

Une dernière observation nous semble néces-
saire. Dans la loi 9. § 2, *De cont. empt.*, Ulpien conclut
ainsi « In cœteris autem nullam esse venditionem
puto, quotiès in matériâ erratur». Faut-il généraliser
cette décision d'Ulpien et déclarer que toutes les
fois qu'il y a erreur sur la matière, le contrat est
nul? Nous ne le pensons pas. Ulpien n'a en vue que
l'hypothèse spéciale des métaux, L'erreur sur la
matière n'entraîne la nullité de la vente que lorsque
la matière se confond avec la qualité substantielle
de la chose, la loi 21, § 2, D., *De act. empt. etvend.*,
19, 1. vient confirmer cette opinion parce que
nous croyons que le texte véritable doit être celui-
ci : « Emptionem esse. » En effet dans le Principium et le § 1ᵉʳ de cette loi 21, Paul, parlant
d'erreur sur une qualité de la chose, reconnaît la validité de ce contrat.

Voici, selon nous, la suite des idées :

Cette phrase, « Quamvis suprà diximus » se rapporte aux deux hypothèses déjà prévues dans la
loi 21, « nous venons de voir que l'erreur portant
sur une qualité accidentelle, les parties s'entendant
d'ailleurs sur le corpus, la vente est valable, « Ta-
» men venditor teneri debet quanti interest non
esse deceptum etsi venditor quoque nesciet. » Mal-

gré cette validité du contrat, le vendeur même de bonne foi sera tenu d'indemniser l'acheteur . La loi se termine par un exemple. Je vous ai vendu pour des tables de bois de citronnier des tables d'un autre bois. La vente est valable, bien qu'il y ait erreur sur la matière, mais l'acheteur a un recours en dommages et intérêts contre le vendeur. Cela ne doit pas nous étonner, car la loi 45, *cont. empt.*, donne une décision analogue. « Emptori præstan- » dum quod interest, si ignorans interpola emerit. » Ici la matière n'est pas une qualité substantielle, la matière n'est pas assez précieuse pour que les parties soient présumées l'avoir considérée comme la qualité substantielle de la chose. Ce n'est plus comme dans le cas des métaux auquel s'applique cette phrased'Ulpien : « puto nullam esse vendi- tionem quoties in materiâ erratur. »

Ainsi la qualité substantielle d'un objet peut être sa matière ; mais la matière de cet objet n'est pas toujours sa qualité substantielle.

Enfin nous devons faire remarquer que cette qua- lité que nous appelons accidentelle peut, si les par- ties l'ont déclaré, devenir la qualité substantielle de l'ohjet, puisque nous l'avons définie, la qualité que les parties ont eue principalement en vue, lors de la formation du contrat.

Jusqu'ici nous avons supposé que le contrat dans lequel s'était glissée l'erreur sur la qualité soit sub- stantielle soit accidentelle était un contrat synallag- matique et commutatif, c'est-à-dire un contrat où chaque partie a le droit de considérer l'obligation ae l'autre comme l'équivalent de la sienne.

Si nous prenons au contraire l'hypothèse d'un contrat unilatéral, devrons-nous modifier ce que nous avons dit? Sans aucun doute. « Si id quod » aurum putabam, cum æs stipulatus de te fuero, » teneberis mihi hujus æris nomine, quiâ in corpore » consenserimus (1). » Je stipule de vous un vase que je croyais d'or, il est de cuivre, vous serez tenu de me livrer le vase de cuivre, le contrat est maintenu, « quia in corpore consenserimus. » D'après ces derniers mots, on pourrait croire que Paul ne faisant pas de distinction entre la stipulation et le contrat de vente, adoptait la doctrine de Marcellus, et admettait la validité du contrrt pourvu que le consentement existât in corpore. Mais par la manière dont la loi 10, de Paul, D. *cont. empt.*, est rédigée, on est convaincu que le jurisconsulte Paul aurait déclaré nulle la vente qui aurait été affectée de l'erreur qu'il prévoit dans la stipulation. Voici les termes de cette loi qui n'est que la suite de la loi 9, *cont. empt.*, que nous avons expliquée tout au long. « Aliter atque si aurum quidem fuerit dete- » rius autem quam emptor existimasset, tunc enim » emptio valet. »

Pourquoi cette différence entre le contrat de vente et le contrat de stipulation. Est-ce parce que

______

(1) L. 22, D., *De verb. oblig.*, XLV, 1.

l'un est un contrat de bonne foi, et l'autre un contrat de droit strict? Non, puisque le contrat de gage qui n'est pas stricti juris est valable dans le cas où l'objet que reçoit en gage le créancier est de cuivre, quand il le croyait d'or.

C'est parce que le contrat étant unilatéral, le stipulant et le créancier ont intérêt à ce que le contrat soit maintenu ; d'autant plus que si le promettant a agi avec mauvaise foi, le stipulant trouvera dans la « clausula doli » un secours contre le promettant : « Si id quod aurum putabam.......... » sed ex doli mali clausulâ tecum agam, si sciens » me fefelleris. » (Loi 22, D., 45, I, déjà citée) et que, dans le contrat de gage, le créancier a une action pigneratitienne pour obtenir un supplément » de gage : Quod magis, tenebitur tamen pigne- » ratitia contrariâ actione qui dedit, præter sti- » pulationem quam fecit (1). »

Quant aux donations, dit M. de Savigny, elles sont régies par les principes suivants : Si le donataire reçoit un vase de vermeil qu'il croit d'or, la donation n'en est pas moins valable, car il n'a aucun intérêt à attaquer le contrat ; si ce vase a une moindre valeur, il vaut toujours plus que rien. Si au contraire le donateur donne un vase d'or, le croyant en vermeil, la donation est nulle, que le donataire ait ou non partagé cette erreur.

______

(1) L. 1, § 2, D., *De pign. act.*, 13. 7.

Nous ne pouvons terminer l'étude de l'erreur sur les qualités de la chose, sans parler des actions édilitiennes. Les édiles, magistrats dont une des fonctions était de surveiller le commerce des céréales, le prix et la qualité des vivres, le commerce des esclaves et des animaux ont rendu un édit célèbre dont le commentaire n'est « qu'une triste revue des infirmités corporelles qui peuvent affliger l'humanité et les animaux. » L'objet de cet édit est de signaler les vices dont l'existence peut avoir pour conséquence la nullité de la vente.

Tout d'abord, cet édit ne dut s'appliquer qu'aux ventes d'esclaves « Aiunt Ædiles : qui mancipia vendunt » (L. 1, § 1, D., de Ædilitio edicto, 21, I.), mais plus tard, on étendit ses prescriptions à toutes les ventes. « Labeo scribit edictum Ædilium curu-
» lium de venditionibus rerum esse, tam earum
» quæ soli sunt quam earum quæ mobiles aut se
» moventes (L. I. p. D. h. t.). Sciendum est ad ven-
» ditiones solas hoc edictum pertinere non tantum
» mancipiorum verum cœterarum quoque rerum. »
(Loi 63, D. h. t.). Remarquons que dans cette loi 63, il est dit d'une manière absolue que la vente seule peut être rescindée pour les causes énoncées dans l'édit. Cependant, d'après la loi 19, § 5, (D., h.t.), à cause des rapports qui existent entre la et vente l'échange. « Si quis permutaverit, dicen-

» dum est utrumque posse ex hoc edicto experiri. »

L'édit ne peut donc exercer son influence que sur la vente et l'échange; Ulpien, dans la loi 63, déjà citée, se demande pourquoi l'édit ne contient aucune disposition relative au contrat de louage?

« Cur autem de locationibus nihil edicatur mirum videbatur?» C'est, répond-il, ou parce que les édiles n'avaient pas à connaître de ce contrat, vel quia nunquam istorum de hac re fuerat jurisdictio, *vel quia non similiter locationes ut venditiones fiunt.* Cette dernière phrase est obscure, Noodt en donne cette explication : « Quia etiam vitioso mancipio » aut animali rectè quis utitur ad opus ad quod » illud conduxit, contra semper interest emptoris » vitiosum non esse. Adde quod raro quis locabit » morbosum mancipium, cum magis in eo locando » damnum passurus sit quam lucrum sentiat ; at » procliviores sunt homines in vendendis morbosis » et vitiosis rebus. »

Cette explication de Noodt est très-ingénieuse et nous paraît satisfaisante.

Quand la chose qui fait l'objet de la vente est atteinte d'un vice prévu par l'édit, l'acheteur peut ou réclamer le double du prix qu'il a payé. « Quia » assidua est stipulatio duplæ, » — ou demander la rescision du contrat par l'action redhibitoire; enfin par l'action æstimatoria ou quanto minoris l'acheteur demande une diminution du prix.

L'action redhibitoire peut être exercée pendant six mois utiles à partir de la formation du contrat

de vente; l'action æstimatoria ou quanto minoris
peut être invoquée pendant une année utile.

« Tempus redhibitionis sex menses utiles habet ;
» si autem mancipium non redhibeatur, sed quanto
» minoris agitur, annus utilis est. Sed tempus red-
» hibitionis ex die venditionis currit (1). »

Non-seulement l'action æstimatoria est accordée
dans tous les cas où l'action redhibitoire peut être
intentée et « ut possit agi redhibitoria, dit Pothier,
oportet : 1° Ut tempore contractûs vitium exsti-
» terit; 2° Ut non fuerit nominatim exceptum ;
» 3° Denique ut fuerit ab emptore ignoratum;
mais encore l'action æstimatoria peut être exercée
quand on ne peut pas agir par l'action redhibitoire
puta, « ob onera rei quæ si rescisset emptor minoris
» emisset. » Quotiens de servitute agitur, dit Ulpien
(L. 61, D., h.t.), « victus tantum debet præstare
» quanti minoris emisset emptor, si scisset hanc
» servitutem impositam. »

(1) L., 19, § 6, D., h. t.

CHAPITRE X

DE L'ERREUR SUR LA PERSONNE.

Pour déterminer l'influence de l'erreur sur la personne, il est nécessaire de distinguer les contrats à titre onéreux des contrats à titre gratuit.

Dans les contrats à titre onéreux la considération de la personne est généralement sans importance. Que j'achète de Pierre ou de Paul, peu m'importe; ce n'est que dans des circonstances exceptionnelles que la considération de la personne est de quelque influence dans les contrats de vente, de louage et d'échange, etc.

Il est une classe de contrats à titre onéreux qui, consistant in faciendo, sont tous consentis plus ou moins en considération de la personne avec laquelle on traite. Il n'est pas indifférent qu'une chose d'art, par exemple, soit exécutée par une personne ou par une autre ; c'est le talent de l'artiste qui a déterminé le consentement.

Il est encore certains contrats à titre onéreux dans lesquels la personne joue un rôle important ; par exemple : le mandat et la société. Mais il n'est pas nécessaire de donner à la partie trompée le droit de demander la nullité d'un de ces contrats, car le mandant peut toujours révoquer son mandataire, le mandataire renoncer à son mandat, l'associé se retirer de la société.

Les contrats à titre gratuit sont faits au contraire *intuitu personœ*.

« Dans les contrats à titre gratuit, dit Molitor, la considération de la personne que l'on veut favoriser et s'attacher est toujours principale. Cette règle ne s'applique pas seulement à la donation, mais aussi à la transaction ; car bien que celle-ci ne soit pas un contrat à titre gratuit, elle implique sacrifice et est supposée faite en considération de la personne avec laquelle on transige. »

Pour soutenir cette opinion, Molitor s'appuie sur la loi 3 (D., 2, 15, de trans.), ainsi conçue : Debitor cujus pignus creditor distraxit, cum Mœvio, qui legitimum creditoris heredem esse jactabat minimo transegit ; posteà, testamento prolato, Septicium heredem esse apparuit : quæsitum est si agat pigneratitiâ debitor cum Septicio, an is uti possit exceptione transactionis factæ cum Mœvio, qui heres eo tempore non fuerit ; possitque Septicus pecuniam quæ Mœvio, ut heredi a debitore numerata est, condicione repetere, quasi sub prætextu hœriditatis aceptam ? Respondit, secundum ea quæ proponeentur, non posse : quià neque ipse cum eo transegit, nec negotium Septicii Mævius gerens accepit.

Ainsi : après la mort d'un créancier qui avait, sans droit, vendu la chose qu'il avait reçue en gage, Mævius qui se prétendait héritier légitime de ce créancier, transige avec le débiteur sur la dette et sur le gage ; après cette transaction, on produit un testament par lequel Septicius est institué héritier : dès lors deux questions : 1º Le débiteur qui agit contre Septicius par l'action pigneraticia directa, sera-t-il repoussé par une exception fondée sur la transaction conclue avec Mævius. 2º Septicius peut-il répéter contre Mœvius l'argent que celui-ci a reçu du débiteur comme condition de la transaction.

Le jurisconsulte Scævola répond négativement à ces deux questions : Septicius ne pourra pas repousser le débiteur qui intentera contre lui l'action pigneraticia directa, parce qu'il n'a pas été partie à la transaction et Septicius ne pourra pas réclamer à Mœvius l'argent qu'il a reçu du débiteur, parce que Mœvius en recevant cette somme n'a pas entendu faire l'affaire de Septicius.

Ce texte ne prouve aucunement que la considération de la personne soit toujours la cause déterminante de la transaction. La décision de Scœvola n'est qu'une conséquence de ce principe de droit : Res inter alios acta aliis neque nocere neque prodesse potest. En effet, M. Accarias, dans son étude sur les transactions, après avoir déclaré que l'on doit considérer comme absolument étrangères à la transaction les personnes qui ne sont ni successeurs universels, ni successeurs particuliers, ni créancières des parties, présente comme application de cette formule générale l'exemple que nous fournit la loi de Scævola.

D'ailleurs, il est inexact en fait, de dire que la personne, dans la transaction, a toujours une importance considérable. Je transige parce que mon droit me semble douteux. Aussi, croyons-nous que dans la transaction comme dans les autres contrats à titre onéreux, la personne peut être indifférente, cela dépend des circonstrnces.

Nous voyons donc que pour déterminer l'influence que peut avoir sur la validité des contrats, l'erreur sur la personne, il faut examiner la nature du contrat et l'intention des parties.

CHAPITRE XI

Le mot *causa* est, en droit romain, susceptible de différents sens ; il répond à ce que les interprètes ont appelé la cause efficiente (L. 7, § 4, D. 2, 14), la cause impulsive (L. 52 et L, 65, D. 12, 16), la cause finale (L. 3, D. 12, 7.).

Cause efficiente. — La cause efficiente, dit M. Demolombe, c'est l'élément générateur du contrat « sed cum nulla subest causa propter conven-
» tionem, hic constat non posse constitui obliga-
» tionem : igitur nuda pactio obligationem non
» parit, sed parit exceptionem » dit Ulpien, loi 7, § 4 au Dig,. L. 2. t. 14.

Ainsi pour que le pacte produise une obligation il faut qu'au consentement des parties, vienne s'ajouter une *causa*, c'est-à-dire un fait ou un commencement d'exécution qui rend obligatoire les conventions restées imparfaites du droit civil. Cette *causa* est appelée *civilis* parceque le consentement était la cause *naturalis* qui aurait suffi pour la formation du contrat. Au point de vue de la causa civilis, les Romains ont divisé les contrats en plusieurs classes : les contrats qui re, verbis, litteris, perficiuntur. Ainsi la tradition, la solennité des paroles l'emploi de l'écriture sont des causæ civiles obligationis. M. Vernet dans ses textes choisis sur les obligations en droit Romain, se demande en quoi consistait la causa civilis obligationis dans les contrats parfaits solo consensu, comme l'*emptio-venditio*, la *locatio-conductio* la *societas* et le *mandatum*. M. Vernet trouve une causa civilis obligationis à chacun de ces contrats. C'est dit-il la réunion de toutes les conditions nécessaires pour que la convention intervenant entre les parties puisse recevoir le nom d'emptio-venditio, de locatio-conductio. Dans les contrats parfaits solo consensu, la causa civilis obligationis était donc le nomen contractûs. Aussi un romaniste du moyen âge a-t-il très-exactement défini le pacte nu. *Nudum pactum id est non vestitum causa vel nomine ad procreandam actionem efficaci.*

Il nous semble plus exact de dire avec MM. Gide et Demolombe, que dans les contrats formés solo consensu aucune cause civile ne doit s'ajouter à cette cause naturelle suffisamment efficiente alors par elle-même.

L'erreur sur la causa civilis ne peut guère se concevoir. La causa civilis existe ou n'existe pas, elle n'est pas susceptible de plus ou de moins.

Cause impulsive. — La cause impulsive, c'est le motif. « Damus ob causam aut rem, dit Pomponius, L. 52 au D. 12, 6., ob causam præteritam, veluti cum ideo do, quod aliquid a te consecutus sum, vel quia aliquid a te factum est : ut etiam si

falsa causa sit, repetitio ejus pecuniæ non sit,
« quod ob causam datur, dit Paul L. 65, § 2, D.,
(cod. tit.), puta quod negotia mea adjuta ab eo
putavi, licet non sit factum : quia donari volui,
quamvis falso mihi persuaserim repeti non posse. »
Nous devons tirer de ces deux lois cette conséquence que l'erreur sur les motifs n'avait aucune
influence sur la validité du contrat ; les motifs,
en effet, sont en dehors de la convention. Ce sont
des raisons plus ou moins sérieuses qui nous
déterminent à contracter ; mais qui ne sont pas
de l'essence du contrat : que m'importe à moi
acheteur, que vous vendiez votre immeuble parce
que vous désirez avoir à votre disposition un
capital que vous pensez placer avantageusement ;
que vous importe, à vous vendeur, que j'achète ce
même immeuble pour l'habiter, pour le louer, ou
pour spéculer. Ce sont là des causes impulsives qui
ont pour chacune des parties une très-grande importance, mais qui dans les rapports juridiques des
contractants sont sans aucun intérêt à moins de
clauses spéciales. Si l'erreur sur les motifs avait été
une cause de rescision des contrats, il n'y aurait
plus de stabilité dans les conventions.

Cause finale. — La cause finale est le but direct
et immédiat que se propose d'atteindre le partie
qui s'oblige. C'est en ce sens que se prend dans
notre droit français le mot cause (art. 1131. c. civ.).
« Quod transactionis nomine datur, licet res nulla
» media fuerit, non repetitur : non si lis fuit, hoc

» ipsum quod a lite disceditur, causa videtur
» esse (1). »

Ici la cause finale étant une des conditions essentielles à la validité de la convention, l'erreur n'est pas indifférente, « qui sine causa, obligantur, dit » Julien (L. 3, D., liv. 12, t. 7.) incerti condictione » consequi possunt ut liberantur » nous trouvons dans la loi 5, § 1, D. 19. I, une application de ce principe : « si falso existimans se damnatum » vendere, vendiderit, dicendum est agi cum eo ex » empto non posse : quoniam doli mali exceptione » actor summoveri potest ; quemadmodum si falso » existimans se damnatum dare promisisset, agen- » tem doli mali exceptione summoveret. Pomponius » etiam incerti condicere eum posse ait, ut libe- » retur. »

Lorsque je paie l'indu, le paiement que j'ai fait manque de cause; aussi ai-je une condictio sine causa, qui prend un nom particulier, condictio indebiti, pour répéter ce que j'ai indûment payé.

Trois conditions sont nécessaires pour que la condictio indebiti puisse être exercée il faut 1º que la prétendue dette que l'on a voulu payer ne soit pas du nombre de celles qui exposent le débiteur récalcitrant à être condamné au double 2º qu'il y ait indebitum 3º que la prestation indue soit le résultat de l'erreur. La troisième condition seule

(1) L. 65, § 1, D., *De cond. indcb.*, XII, 6.

doit nous occuper : Si l'erreur, cause du paiement de l'indu, est une erreur de fait, pas de difficultés, pas de discussions ; mais les jurisconsultes sont loin de s'entendre sur l'influence que peut avoir l'erreur de droit quand il s'agit de la condictio indebiti. Nous avons donc à examiner si l'erreur nécessaire pour faire naître la condictio indebiti peut être une erreur de droit.

Avant d'entrer dans les détails mêmes de la discussion, résumons les principes que nous avons établis lorsque nous avons traité de l'influence de l'erreur de droit et de l'erreur de fait sur le consentement.

L'erreur de droit, avons-nous dit, ne peut jamais être invoquée pour réaliser un bénéfice, mais ne doit pas être distinguée de l'erreur de fait toutes les fois qu'il s'agit d'éviter une perte (L. 7 D., *De ign. jur. et facti*).

Or, payer ce qu'on ne doit pas c'est s'appauvrir ; le contraire a été soutenu dans le but unique de concilier la loi 10, C., *De ign. jur. et fact.*, avec la loi 7 de Papinien au D., *eod. tit.* ; et s'il est vrai que je m'enrichis, que je fais ma condition meilleure quand je paie ce que je dois, il est évident que je m'appauvris, que je rends ma condition pire quand j'augmente mon passif ou que je paie ce que je ne dois pas. Le texte de Papinien nous paraît donc concluant et fournit un argument très-sérieux en faveur de l'opinion d'après laquelle, l'erreur de droit comme l'erreur de fait, autorise celui qui a payé indûment à intenter la condictio indebiti.

On oppose à ce système la loi 10, C., 1, 18, *De ign. jur. et facti.* « Cum quis jus ignorans, indebi-» tam pecuniam solverit; cessat repetitio. Per igno-» rantiam enim facti tantum repetitionem indebiti » soluti competere tibi notum est. » Nous recon-naissons que cette loi contredit absolument la loi 7 de Papinien; nous constatons cette contradiction, sans vouloir essayer de concilier par des raisons plus ou moins ingénieuses ces deux textes. Mais nous nous demanderons ce qu'est cette loi 10 et quelle est son autorité?

Cette loi est un rescrit des empereurs Constantin et Maximien adressé à un certain Araphias; son autorité est donc relative. Nous ignorons les con-ditions dans lesquelles ce rescrit a été rendu. En fait, l'erreur était-elle excusable? Et cette phrase « per ignorantiam etc., » qui semble tout d'abord un principe, n'est-elle pas autre chose qu'une con-clusion justifiée par les circonstances particulières de l'affaire soumise aux Empereurs? Il est permis de faire ces observations qui diminuent de beau-coup la valeur de cet argument.

Mais, diront nos adversaires, pour trouver un texte contraire à la loi 7, il n'est pas besoin de re-courir au Code. Dans le titre même du Digeste : De ignorantia juris et facti, Paul s'exprime en ces termes (Loi 9, § 5. h. t.) « Si quis jus igno-» rans Lege Falcidia usus non sit, nocere ei dicit

» epistola Divi Pii, etc. » Nous pourrions répondre : c'est un rescrit. Mais ici, nous connaissons les faits de la cause, et cette connaissance même, nous permet d'expliquer la décision des empereurs de diverses manières. On peut dire avec M. Demangeat que si, dans ce cas, la condictio indebiti n'a pas eu lieu, c'est que l'erreur a été considérée comme inexcusable : « Nec stultis solere succurri, sed errantibus. »

Mühlenbrüch explique ainsi ce texte : « la *falcidie* est le seul motif de la décision, l'acquittement des legs est un devoir de conscience ; c'est pourquoi l'on refuse ici, pour cause d'erreur de droit, la condictio qui serait admise, s'il s'agissait d'un autre indebitum. » En effet, il n'y a indebitum que lorsqu'aucune obligation n'existe, même au point de vue naturel : « Ita debiti, vel non debiti, » ratio in condictione naturaliter intelligenda est, » dit Tryphoninus (Loi 64, D. 12, 6).

N'est-ce pas une obligation naturelle que ce devoir de conscience imposé à tout héritier d'exécuter les dernières volontés du testateur. Le but de la loi falcidie, en faisant exception à ce principe a été de le consacrer ; car son motif était de donner à l'héritier un certain intérêt à faire adition, de peur que, par son refus, la volonté du testateur ne fût méconnue.

Les autres lois que l'on invoque en faveur du systême de la négative ne parlent que de l'erreur de fait, et c'est, par un argument *a contrario*, qu'on arrive à décider qu'elles excluent l'erreur de droit : L. 6, C. *de ignorantiâ juris et facti*. « Si » non transactionis causâ, sed indebitam, errore » facti, olei materiam..... »

Loi 7, C., *eod. tit.* : « Error facti, necdum finito » negotio, nemini nocet.

Loi 6, C. 4, 5. : « Si per ignorantiam facti non » debitam quantitatem pro alio solvisti..... restitui » eo agente providebit. »

Loi 7, *eod. tit.* : « Fideicommissum vel legatum » indebitum, per errorem facti solutum, repeti » posse, explorari juris est. »

M. de Savigny, après avoir cité ces textes, fait cette observation : « L'argument général contre l'autorité des rescrits semble plausible relativement à ces textes, car la règle sur l'erreur de droit n'en peut être tirée que par argumentum a contrario; *procédé peu sûr, quand on l'applique aux rescrits.* »

Il n'est donc pas nécessaire de réfuter spécialement l'autorité de ces textes.

La loi 9, C. *ad legem falcidiam* 6. 49, sur laquelle nos adversaires veulent s'appuyer, prévoit la même hypothèse que la loi 9, § 5, au D. *de Ign. jur. et facti,* déjà expliquée. Tout ce que nous avons dit à l'occasion de l'une, s'applique à l'autre. Enfin. c'est encore *a contrario*, que l'on tire de la loi 2, C. 2, 33, un argument contre le système de l'affirmative.

A tous ces textes spéciaux, nous pouvons répondre d'abord par d'autres textes spéciaux, puis par des arguments généraux.

On cite neuf textes spéciaux ; nous n'insisterons que sur l'un d'eux, la loi 1, Pr. *ut in possess.*, (D. 36, 4), dans laquelle Ulpien admet la répétition de l'indù pour erreur de droit. « Si quis, cum
» vetitus esset satis accipere, acceperit : an
» repeti satisdatio ista possit, ut heres condicat
» liberationem! Et quidem si sciens heres, indebi-
» tum cavit, repetere non potest. Quid deinde si
» ignoravit remissam sibi satisdationem ? Potest
» condicere. Si vero hoc non potuisse remitti cre-
» diderit, nunquid condicere possit, qui jus igno-
» ravit? *Adhuc tamen benigne quis dixerit satis-*
» *dationem condici posse,* »

L'héritier testamentaire devait donner caution au légataire et, jusqu'à un décret de Marc-Aurèle, le testateur ne pouvait pas dispenser l'héritier de cette obligation. Dans la loi 46 D. *De pactis*, nous trouvons relatée la mention de ce décret : « Pac-
» tum inter heredem et legatarium factum, ne
» ab eo satis accipiatur, cum in semestribus re-
» lata est constitutio divi Marci servari in hoc quo-
» que defuncti voluntatem. »

L'hypothèse prévue par Ulpien est celle-ci : l'héritier qui, depuis le décret de Marc-Aurèle, ignorait la dispense de donner caution que lui avait accordée le testateur, pourra certainement répéter par la condictio indebiti le cautionnement qu'il a fourni. Mais l'héritier qui, connaissant cette disposition du testament, a cru que la dispense n'était pas valable, peut-il agir par la condictio indebiti. Ulpien répond : « Adhuc tamen quis » dixerit satisdationem condici posse. »

« On voit au premier coup d'œil, dit M. de Savigny, avec quelle timidité, quelle incertitude le jurisconsulte Ulpien hasarde son opinion. » Cette appréciation est peut-être exagérée. Il est curieux de voir quelle est l'autorité que M. de Savigny accorde justement aux rescrits qui ne contiennent pas de solutions favorables à son système. « Pour moi, je » ne crois pas nécessaire toutes les explications » qu'on a données de cette loi 1, pr., *ut in posses-* » *sionibus*. Je comprends le doute d'Ulpien par la » nature même de la disposition dont il s'agit. Nous » voyons un changement de l'ancien droit établi » non par une loi proprement dite, mais consignée, » dans un rescrit impérial qui n'était pas une loi, » malgré son insertion dans *les semestria*. Ce droit » pouvait donc être considéré comme incer- » tain. »

Quoi qu'il en soit, le texte d'Ulpien conserve toute sa force et décide d'une façon nette et précise que la condictio indebiti peut être intentée, quand l'erreur commise est une erreur de droit.

Ce que M. de Savigny appelle les arguments généraux, vient confirmer notre manière de voir. Parmi ces arguments généraux on cite, d'abord,

les deux grands principes qui servent de base à la condictio indebiti : « Hoc naturâ œquum est, ne-
» minem cum alterius detrimento fieri locupletio-
» rem ; (L. 14. D. 12. 6.) » et : « cujus, per errorem-
» dati repetitio est, ejus consulto dati donatio est. »
(L. 53. D. 50, 17).

Est-il possible de soutenir que l'erreur de droit commise par mon adversaire est une cause légitime d'enrichissement, et que l'idée de donation est implicitement comprise dans tout paiement effectué par suite d'une erreur de droit.

On invoque ensuite la loi 7 de Papinien, sur laquelle nous nous sommes déjà appuyés : « Juris
» ignorantia non prodest acquirere volentibus,
» suum vero petentibus non nocet. » C'est l'argument de texte le plus solide en faveur de notre système ; aussi M. Demangeat se contente-t-il de l'opposer aux arguments de nos adversaires. Son autorité doit résister aux subtilités des anciens interprètes du droit romain et à la théorie de M. de Savigny qui ne trouve que confusion dans cette distinction du préjudice à éviter et du bénéfice à realiser.

Nous n'hésitons donc pas à déclarer que l'erreur de droit, comme l'erreur de fait, permet d'intenter la condictio indebiti.

DROIT FRANÇAIS

DE L'ERREUR DANS LES CONTRATS

CHAPITRE PREMIER

DU CONTRAT ET DE LA CONVENTION

D'après le droit romain, les contrats sont des conventions particulières auxquelles la loi a donné une puissance spéciale et dont le nombre est déterminé, restreint.

Dans notre droit actuel, qu'est-ce qu'un contrat ? L'art. 1101 répond : « Une convention par laquelle une ou plusieurs personnes s'obligent envers une ou plusieurs autres à donner, à faire ou à ne pas faire quelque chose. »

Donc le contrat est une convention, mais toute convention est-elle un contrat? On l'a soutenu, et voici, en résumé, l'opinion de Marcadé à cet égard.

Toutes les fois que deux ou plusieurs personnes tombent d'accord entre elles, quelque soit l'objet de leur accord, il y a, dès lors, réunion de volonté; c'est la convention ainsi définie par Pothier (n° 3); « Le consentement de deux ou plusieurs personnes pour former entre elles quelque engagement, ou pour en résoudre un précédent, ou pour le modifier. » Les objets possibles d'une convention rentrent dans un très-petit nombre de catégories. A Rome et dans notre ancienne jurisprudence, la convention avait pour objet de créer et d'éteindre des obligations; aujourd'hui la convention peut avoir un troisième objet, ajoute Marcadé : Transférer la propriété. De ces trois classes de convention, la première seule devrait rigoureusement recevoir le nom de contrat; on a toujours entendu par contracter, se lier. « Un contrat est une espèce de convention (Poth. n° 3), qui a pour objet de former quelque engagement. » Mais le Code, d'après Marcadé, confond le contrat avec la convention, et du moment qu'on élargissait ainsi la nature du contrat, il fallait aussi élargir la définition. L'art. 1101 définit seulement le contrat productif d'obligations et non pas le contrat en général. Aujourd'hui, d'après le système du code, on appelle contrat ou convention l'accord arrêté entre plusieurs personnes, soit pour former une ou plusieurs obligations, soit pour éteindre ou modifier des obligations déjà existantes, soit enfin pour opérer un transport immédiat de propriété ou de droit réels quelconques.

La plupart des jurisconsultes et notamment M. Demolombe, ne voulant pas corriger la loi, et s'en tenant à la définition du Code, appellent convention tout accord de volonté ayant pour objet de créer, modifier ou éteindre des obligations et réservent le nom de contrat à l'accord de volontés dont le but est de créer des obligations. .

Cette discussion, d'ailleurs, n'offre aucun intérêt pratique. Le nom importe peu : que notre accord de volontés soit appelé contrat ou convention, les conséquences sont les mêmes. Je ne suis ni plus ni moins tenu d'exécuter mon obligation.

Dans notre droit actuel la force juridique du contrat et de la convention est la même, leur nombre est illimité et tous deux produisent un lien de droit qui permet à l'une des parties d'exiger de l'autre l'éxécution de son obligation ; si une différence les sépare, elle n'est pas relative à la force du lien juridique produit, mais au résultat que les parties ont voulu obtenir.
D'après le Code civil, l'effet du contrat n'est pas seulement de créer des obligations, mais encore d'opérer la transmission immédiate de la propriété.

C'est là une innovation remarquable, et on peut reprocher avec raison, au législateur de n'avoir pas fait suffisamment comprendre cette modification aux anciens principes, dans la définition qu'il a donnée du contrat, définition qui est à peu près celle de Pothier.

En effet nous lisons dans l'art. 1101 déjà cité, « Le contrat est une convention par laquelle une ou plusieurs personnes s'obligent envers une ou plusieurs autres à donner, à faire ou ne pas faire quelque chose. »

Et Pothier s'exprime ainsi : « Dans notre droit on ne doit point définir le contrat comme le définissent les interprètes du droit romain *conventio nomen habens a jure civili, vel causam*; mais on doit le définir : Une convention par laquelle les deux parties réciproquement ou seulement l'une des deux, promettent et s'engagent envers l'autre à lui donner quelque chose, ou à faire, ou à ne pas faire quelque chose »

De la comparaison de ces deux textes serait-il possible de dégager l'existence d'une innovation aussi importante que celle que nous venons de signaler ? Assurément non. Et la conséquence à tirer du rapprochement de ces deux définitions est une nouvelle critique peut-être exagérée de l'article 1101. On a prétendu que par la suppression de certaines expressions de Pothier les rédacteurs du Code n'avaient défini qu'une espèce de contrat, le contrat unilatéral.

Pour reproduire cette idée nouvelle de la transmission de la propriété comme conséquence immédiate du contrat nous devons définir le contrat : Une convention dont le but juridique peut avoir pour objet soit la création d'une obligation personnelle, sot la transmission d'un droit de propriété,

La convention est tout accord de volontés produi
sant un effet juridique, c'est dire que tout accord
de volontés n'a pas pour conséquence nécessaire
l'existence d'un lien juridique. « Il y a d'autres pro-
messes (dit Pothier n° 3) que nous faisons de bonne
foi et avec la volonté actuelle de les accomplir. mais
sans une intention d'accorder à celui à qui nous les
faisons le droit d'en exiger l'accomplissement. Ce
qui arrive lorsque celui qui promet déclare en même
temps qu'il n'entend pas néanmoins s'engager, ou
lorsque cela résulte des circonstances, ou des qualités de celui qui promet et de celui à qui la promesse est faite. »

Mais à quel signe reconnaîtrons-nous le simple
consentement qui n'oblige pas, de celui qui engage,
qui lie. Nous n'avons pour décider cette question
qu'à examiner l'intention des parties. Y a-t-il chez
elles volonté de s'obliger, il se forme alors ce que
nous sommes convenus d'appeler *une convention*;
dans le cas contraire il y a simple *accord de volontés*.
Le plus souvent cette appréciation est sans difficulté, mais il est certains cas où la distinction
devient délicate et où il est nécessaire, pour résoudre la question, de prendre en considération
les moindres circonstances de fait.

CHAPITRE II ·

Quatre conditions sont essentielles à la validité du contrat, dit l'art. 1108 :

1º Le consentement de la partie qui s'oblige ;

2º La capacité de contracter ;

3º Un objet certain qui forme la matière de l'engagement ;

4º Une cause licite dans l'obligation.

A l'occasion de cet article on a fait une critique qui ne nous semble pas méritée, on a dit : Les qualités exigées par l'art. 1108 ne sont pas toutes essentielles, car, malgré l'incapacité d'une partie, le contrat peut se former, et il se formerait si bien qu'il serait inattaquable pour l'autre partie (art. 1125, C. civ.), nous répondrons : L'art. 1108 ne parle pas des conditions essentielles, à l'existence des contrats mais des conditions essentielles à leur validité ce qui est bien différent. Le contrat consenti par un incapable existe, mais affecté d'un vice qui peut faire prononcer sa nullité. Cette observation même nous conduit à signaler l'influence différente que peut exercer sur les contrats l'absence de l'une ou de l'autre de ces quatre conditions.

Le contrat qui manque de cause ou d'objet, dans

lequel les volontés ne se rencontrent pas, est nul.

Au contraire, le contrat formé par un incapable ou par une personne dont le consentement est vicié, est annulable.

En étudiant les effets que produit l'erreur sur les contrats nous retrouverons cette distinction et nous déterminerons alors les caractères de la nullité et de l'annulabilité.

Quant a présent, occupons-nous spécialement du consentement.

Nous avons déjà remarqué dans notre thèse romaine la connexité existant entre la convention et le consentement, connexité telle que la définition de l'un est l'explication de l'autre : *Duorum vel plurium consensus in idem placitum,*

La nature même du consentement nous autorise à modifier cette expression de l'art. 1108 «consentement de la partie qui s'oblige. » Il n'y a pas consentement d'une partie ; on ne consent pas tout seul, c'est l'accord des volontés qui produit le consentement ; l'une des parties propose, offre, l'autre adhère, accepte. Aussi pour expliquer la formule de l'art. 1108 on a supposé que les rédacteurs du Code avaient prévu l'hypothèse d'une offre faite par la partie qui voulait devenir créancière à la partie que le contrat devait rendre débitrice, et ces mots « consentement de la » partie qui s'oblige » signifieraient « adhésion de la » partie que le contrat doit rendre débitrice. «

Cette explication n'est pas très-satisfaisante attendu que la partie qui s'obligera peut aussi bien proposer que celle qui deviendra créancière ; de plus la manière dont est rédigé l'art. 1108 ferait croire que dans tous les contrats une seule partie s'oblige, tandis que les contrats synallagmatiques font naître des obligations réciproques.

Il aurait donc été plus exact de demander comme une des conditions essentielles à la validité des contrats non pas le consentement de la partie qui s'oblige mais le consentement des parties.

On ne consent pas tout seul, avons nous dit. Une partie propose, l'autre accepte. Le consentement se compose donc de deux termes : L'offre ou pollicitation et l'acceptation. Il est bien certain que tant que la pollicitation n'à pas été acceptée, aucun lien ne s'est formé, je puis révoquer mon offre. « La pollicitation dit Pothier, aux termes du pur droit naturel, ne produit aucune obligation proprement dite et celui qui a fait cette promesse peut s'en dédire, tant que cette promesse n'a pas été acceptée par celui à qui elle a été faite... Quoique la pollicitation ne soit pas obligatoire dans les purs termes du droit naturel, néanmoins le droit civil qui ajoute au droit naturel avait chez les Romains rendu obligatoires en deux cas les pollicitations qu'un citoyen faisait à sa ville : 1º Lorsqu'il avait un juste sujet de les faire, *putd*, en considération de quelque magistrature municipale qui lui avait été déférée *ob honorem* ; 2º lorsqu'il avait commencé de les mettre à exécution. On ne doit plus mettre en question aujourd'hui s'il y a des pollicitations obligatoires dans notre droit français, l'ordonnance de 1731, art. 3, ayant déclaré qu'il n'y aurait plus que deux manières de disposer de ses biens à titre gratuit : La donation entre-vifs et le testament, il s'ensuit qu'elle rejette la pollicitation. »

Il est constant que ma mort, arrivant avant l'adhésion de celui auquel j'ai offert, son acceptation est sans effet. Il est de même évident que toutes les fois que l'offre et l'acceptation coexistent il y a concours de volonté, il y a consentement ; aussi admettons-nous que le contrat est formé dès le moment ou l'offre est acceptée, non a partir du moment où l'offrant a eu connaissance de l'acceptation. En effet, d'après le Code civil, le contrat est une convention ayant pour objet de créer des obligations ; toute convention existe quand il y a concours de volonté ; et lorsque l'offre est acceptée il y a concours de volontés. Quels arguments oppose-t-on à cet enchaînement logique des principes?

Pour soutenir la doctrine d'après laquelle celui qui a fait l'offre et celui qui a accepté peuvent retirer, l'un son offre, l'autre son acceptation jusqu'au moment où l'acceptation est connue de celui qui a offert, on fait valoir les considérations suivantes : 1° L'offre n'engage l'offrant que lorsqu'elle est parvenue à la connaissance de celui à qui elle est faite. L'acceptation ne doit aussi engager l'acceptant que lorsqu'elle est parvenue à la connaissance de celui qui a fait l'offre. Cette réciprocité qui est logique est en même temps équitable. »

On peut attaquer ce raisonnement, dire qu'il pêche par la base. L'offre n'oblige pas l'offrant dès qu'elle est parvenue à la connaissance de celui à qui elle est faite, la simple pollicitation ne donne naissance à aucun lien juridique, c'est l'acceptation de celui à qui on a offert qui rend l'offre irrévocable. Ce qui rend irrévocable l'acceptation, ce n'est pas la connaissance que peut en avoir celui qui a offert, c'est l'impossibilité dans laquelle se trouve l'acceptant de la rétracter. Celui qui offre invite celui auquel il s'adresse à former un contrat; dès que cette offre est manifestement acceptée, le contrat existe; il y a concours de volonté, et, comme le dit Marcadé, s'il fallait attendre que le proposant connût la volonté de l'acceptant, il faudrait exiger aussi, pour être conséquent que cet acceptant sût à son tour que sa volonté est arrivée à la connaissance du proposant avant que celui-ci eut révoqué la sienne.

2° L'acceptation tant qu'elle n'est pas connue de celui qui a fait l'offre est toujours en ce qui le concerne *in mente retenta*.

Nous ne supposons pas, bien entendu, une acceptation intime, mais au contraire une acceptation expresse faite dans des circonstances qui enlèvent à celui qui accepte la liberté de revenir sur sa décision : il télégraphie son acceptation. Pour nous le contrat sera formé non pas quand l'offrant aura reçu la dépêche, mais du moment où l'acceptant l'aura expédiée. A partir de cet instant l'acceptation n'est plus *in mente retenta* elle est manifestée, elle est exprimée et le concours de volonté a lieu.

3° L'art. 932 du Code civil nous fait connaître la volonté du législateur ; voici en quels termes il est conçu :

« La donation entre vifs n'engagera le donateur et ne produira aucun effet que du jour qu'elle aura été acceptée en termes exprès.

L'acceptation pourra être faite du vivant du donateur par un acte postérieur et authentique « dont il restera minute ; mais alors la donation n'aura d'effet à l'égard du donateur que du jour où l'acte qui constatera cette acceptation lui aura été notifié. »

Les règles qui concernent les donations sont des règles exceptionnelles. On sait que le législateur a multiplié les causes de nullité des donations, qu'il les a soumises à des formalités particulièrement sévères. Il serait donc dangereux de se fonder sur un article qui concerne cette matière spéciale pour établir une règle générale.

Enfin M. Larombière, qui donne au système que nous repoussons l'appui de son autorité et de sa science, produit un argument en faveur de notre opinion en déclarant que si l'un ou l'autre, soit l'offrant, soit l'acceptant, mourait, ou devenait incapable après l'acceptation, le contrat, n'en serait pas moins formé, lors même que l'acceptation n'aurait pas été connue de l'offrant (Larombière, t. 1, article 1101, n° 20).

Nous ne comprenons pas cette distinction. « Et

de deux choses l'une, dit M. Demolombe : Ou le
contrat n'est formé que du moment où la connaissance de l'acceptation est parvenue à celui qui a fait
l'offre, et alors la mort ou l'incapacité de celui-ci
survenue avant ce moment doit faire obstacle à la
formation du contrat tout autant que la rétractation
de l'offre ; la mort ou l'incapacité empêche comme
la rétraction la coexistence des volontés. Ou le contrat est formé dès le moment même de l'acceptation,
qu'importe alors la rétractation, elle est aussi im-
puissante à défaire le contrat que la mort ou l'incapacité. »

CHAPITRE III

En disant que le contrat est formé à partir du
moment de l'acceptation de celui auquel une offre a
été faite, nous considérons comme établi que les
deux parties se sont entendues sur la nature et sur
l'objet du contrat, que la chose qui fait l'objet de
la convention est dans le commerce, que l'obligation
de chacune d'elles, si le contrat est synallagma-
tique, a une cause.

Si nous voulions soutenir que le contrat est valable, nous devrions supposer de plus que les parties sont capables et que leur consentement est
exempt de vice.

Les vices du consentement sont le dol, la violence
et l'erreur, mais l'erreur a cela de particulier que
selon l'objet sur lequel elle porte, elle annule la
convention, ou ne lui permet pas de se former.
Selon l'expression vigoureuse de M. Larombiere, on
distingue l'erreur obstacle de l'erreur nullité. Nous
trouvons encore des hypothèses où l'erreur est sans
influence sur la validité de la convention.

Il est à peine besoin de définition, pour comprendre l'idée que représente le mot erreur. On est
dans l'erreur, quand on croit savoir et qu'on ne
sait pas. L'erreur c'est la notion fausse que nous
avons d'une chose.

Par ex : Je crois que ce vase est en argent quand il est en cuivre : je m'imagine que cette bague est précieuse parce qu'elle a été portée par un personnage célèbre à qui elle n'a jamais appartenu ; je mets un prix considérable à l'achat d'un tableau que je prends pour un original de Raphaël et c'est une copie.

Le but de notre travail est de rechercher l'influence que peut avoir sur la formation et la validité d'un contrat cette connaissance inexacte que nous avons de la chose qui fait l'objet de notre convention.

L'art. 1110 est ainsi conçu : « L'erreur n'est une cause de nullité de la convention que lorsqu'elle tombe sur la substance même de la chose qui en est l'objet.

« Elle n'est point une cause de nullité lorsqu'elle ne tombe que sur la personne avec laquelle on a l'intention de contracter, à moins que la considération de cette personne ne soit la cause principale de la convention. »

La forme employée par le législateur : « L'erreur n'est..... que » peut faire croire qu'en dehors des cas spécifiés par la loi, l'erreur est sans influence sur la validité des conventions ; les deux cas que détermine l'article 1110 sont bien en effet les seuls qui rendent annulable le contrat affecté d'erreur, mais nous aurons à signaler des hypothèses où l'erreur aura pour conséquence d'empêcher la formation du contrat.

Quant à présent expliquons l'art. 1110.

Quand l'erreur porte sur la substance de la chose qui fait l'objet du contrat, la convention est nulle, annulable pour parler plus exactement.

Cette disposition présente une certaine obscurité. Le mot substance manque de précision. Qu'est-ce que la substance d'une chose? Les auteurs les plus éminents appellent substance d'une chose l'ensemble des qualités qui font donner à cette chose un nom déterminé, « C'est, dit M. Demolombe, le *nomen appellativam* qui sert à la distinguer des autres choses; aussi la désigne-t-on par un substantif, par une réunion de mots employés substantivement. » Nous ne croyons pas que ce soit dans ce sens que les rédacteurs du code ont entendu le mot *substance*. Un passage de Pothier que nous avons déjà cité dans notre thèse romaine, nous fera connaître leur véritable pensée. « L'erreur annule la convention non-seulement lorsqu'elle tombe sur la chose même, mais lors qu'elle tombe sur la qualité de la chose que les contractants ont eue principalement en vue et *qui fait la substance de cette chose.*

Pothier considère donc la qualité que les contractants ont eue principalement en vue comme formant la substance de la chose. Quand on sait que c'est dans le traité des obligations de Pothier qu'ont été puisées les dispositions qui composent le titre des contrats, on peut soutenir qu'en employant le mot substance, les rédacteurs du code n'ont voulu que reproduire l'idée de Pothier. Aussi, dirons-nous avec MM. Aubry et Rau, que pour faire la distinction entre les qualités substantielles et les qualités accidentelles d'une chose, il faut bien moins s'attacher à la matière de la chose considérée en elle-même qu'au point de vue sous lequel elle est devenue l'objet du contrat.

Ce qui nous confirme dans notre opinion c'est que M. Demolombe, pour établir la distinction qui existe entre l'identité de la chose et sa substance, cite la loi 9, D., de Cont. empt., et le passage de Pothier que nous venons de reproduire : « Ces précédents révèlent le sens du mot substance. Il doit s'entendre, comme il s'est toujours entendu, dans le droit privé, de la qualité substantielle de la chose qui fait l'objet du contrat. Les rédacteurs du Code civil en employant dans la même matière, le même mot qu'Ulpien et Pothier ont certainement voulu y attacher la même acception. »

Pour bien affirmer notre théorie, nous nous servirons de l'exemple fameux des chandeliers.

Je veux acheter des chandeliers d'argent, telle est ma volonté bien déterminée ; je veux qu'ils soient d'argent et non d'autre métal, telle est l'hypothèse de Pothier. La qualité que j'ai principalement en vue est que les chandeliers soient d'argent ; si les chandeliers que vous me présentez à vendre sont de cuivre, malgré votre bonne foi je suis en droit de demander la nullité de la vente. Il y a erreur sur la substance.

J'achète des chandeliers; ce que je veux avoir, c'est des chandeliers, le métal dont ils sont faits m'est indifférent. Il est évident que je ne puis demander la nullité du contrat, parce que les chandeliers sont de cuivre et non d'argent.

J'achète des chandeliers, non plus parce qu'ils sont d'argent, non plus parce que je veux des chandeliers, mais parce qu'ils ont appartenu à une célébrité quelconque. La qualité que j'ai principalement en vue et qui fait la substance de ces chandeliers, ce n'est pas d'être en argent, ce n'est même pas d'être chandelier, c'est d'avoir appartenu à cette célébrité. Et je suis en droit de demander la nullité de la vente, si ces chandeliers n'ont jamais été la propriété de ce personnage célèbre.

Nous trouvons, dans cette latitude que le mot substance ainsi défini donne aux magistrats, une preuve de l'esprit pratique des rédacteurs du Code. Quand il s'agit d'erreur, les questions de fait ont une importance indéniable, il est difficile de poser des principes absolus. Pour que le contrat affecté d'erreur soit nul, il faut que le consentement soit vicié, et le consentement n'est véritablement vicié que lorsque l'erreur porte sur la qualité que les parties contractantes ont eue principalement en vue. Cette qualité ne peut avoir qu'un caractère relatif; aussi maintenons-nous cette définition de la qualité substantielle que nous avons déjà donnée dans notre thèse romaine ; une qualité dont le caractère propre est de ne pouvoir se définir d'une manière absolue et qui varie avec chaque convention.

Il est évident que les deux parties contractantes qui ont été l'une et l'autre dans l'erreur au sujet de la substance de la chose qui fait l'objet du contrat peuvent demander la nullité de la convention ainsi formée.

L'art. 1110 ne permet pas le doute. Mais que décider dans le cas où l'une des deux parties seulement est victime d'une erreur ?

Écartons tout d'abord l'hypothèse où l'un des contractants ayant fait part de son intention à l'autre, celui-ci abuse de sa bonne foi.

Par exemple, je déclare au vendeur que j'achète cette bague parce qu'elle est ornée d'un diamant, le vendeur qui sait que le bijou est faux confirme mon erreur et accepte mon prix.

Le contrat est alors rescindable, non plus comme entaché d'erreur, mais comme affecté de dol.

Voici les faits qui rentrent dans le cas que nous avons à étudier : Voyant exposés à la vitrine d'un magasin, des candélabres que je crois d'argent, je les achète pour tels sans faire part de mes impressions à celui qui me les vend et qui sait qu'ils sont de cuivre. M'apercevant plus tard de l'erreur que j'ai commise, puis-je faire prononcer la nullité de la vente, soutenant que je suis protégé par l'article 1110 du Code civil ?

M. Larombière défend énergiquement la négative, que combat avec conviction M. Demolombe.
« Une qualité devient substantielle, dit M. Larombière, par sa prise en considération ; pour qu'une
qualité soit substantielle, il faut donc qu'il y ait
reconnaissance réciproque de son existence ; or, si
les parties s'arrêtent seulement à l'identité exté-
rieure de la chose, la prennent telle qu'elle leur
apparaît peu importe ensuite que leur attente
soit trompée par une qualité abstraite ou méconnue. Comme elle n'est pas entrée dans les prévi-
sions expresses du contrat, l'erreur qui tombe
sur elle est indifférente. Qu'un amateur achète
sciemment ou non, mais sans dol, un tableau du
Corrège ou des monnaies antiques exposées en
vente comme croûte ou comme lingots, peu importe l'erreur du vendeur. Tant pis pour lui s'il
n'a pas connu les qualités qui rehaussaient le
prix de sa chose ; il est lésé sans doute, mais le
vice de lésion est le seul qui se rencontre dans le
contrat ; et, comme la lésion n'est pas une cause
de nullité dans les ventes de choses mobilières,
le contrat est maintenu. » (Larombière, t. 1, article 1110, n° 3.)

Ces considérations sont très-sérieuses et l'on est
tout d'abord tenté d'accepter l'opinion de M. Larombière et de repousser comme injuste un système
qui autorise la nullité d'un contrat par suite de l'appréciation erronée et secrète de l'une des parties.
Mais lorsqu'on étudie les textes et que l'on veut

non plus établir une théorie mais rechercher l'idée du législateur on est obligé de reconnaître que l'interprétation contraire à celle que nous venons de reproduire est la seule exacte.

Où trouve-t-on cette distinction entre l'erreur réciproque et l'erreur personnelle? L'art. 1110 est muet à cet égard et *ubi lex non distinguit nos distinguere non debemus.* De plus l'art. 1109 est formel : pour que le consentement soit valable il faut qu'il n'ait pas été donné par erreur, et dans l'hypothèse que nous avons prévue j'ai consenti parce que j'ai cru à tort que les candélabres étaient en argent.

De ce que je n'ai pas fait connaître mon erreur peut-on conclure qu'elle n'a pas existé et affirmer que mon consentement n'a pas été vicié; si j'avais su la vérité il est probable que je n'aurais pas traité ; j'ai voulu acheter des candélabres d'argent, je n'ai pas voulu en acheter de cuivre, ce que la loi veut empêcher c'est que je sois obligé malgré ma volonté.

Nous pouvons encore apporter à l'appui de ce que nous avançons cette considération. L'art. 1109 est commun à l'erreur, au dol et à la violence, tout contrat affecté de l'un de ces vices peut être annulé. Certes il n'est pas question de réciprocité quand il s'agit de violence et de dol. Pourquoi serait-elle nécessaire quand nous supposons le contrat entaché d'erreur, la règle est générale : tout consentement affecté d'erreur, de dol ou de violence n'est pas valable.

Enfin l'art. 1110 dit : l'erreur sur la personne n'est

une cause de nullité que si la considération de la personne est la cause principale de la convention.

Et pour expliquer non pas cette règle mais une règle analogue, Pothier nous cite un exemple où l'erreur n'est pas commune : « si voulant faire faire un tableau par Natoire, je fais marché pour faire ce tableau avec Jacques que je prends pour Natoire, le marché est nul, faute de consentement de ma part, car je n'ai pas voulu faire faire un tableau par Jacques mais par Natoire ; la considération de la personne de Natoire et de sa réputation entrait dans le marché que je voulais faire. »

M. Demolombe trouve dans ce rapprochement des deux paragraphes de l'art. 1110 une preuve décisive de la supériorité de son système. « Dans l'hy-
» pothèse prévue par Pothier, dit-il, le peintre
» pourrait me faire les mêmes objections que me
» fait mon vendeur : Que le contrat réunit quant à
» lui toutes les conditions de validité ; qu'il n'a com-
» mis aucun dol, que j'aurais dû m'informer ou tout
» au moins m'expliquer qu'il ne saurait être victime
» de ma légèreté et de mon imprudence. Ce sont
» bien là les arguments du vendeur. Il est certain
» qu'ils n'empêcheront pas que ma convention avec
» le peintre soit rescindable pour cause d'erreur de
» mon consentement sur sa personne.

» Pourquoi cet argument empêcherait-il que ma
» convention avec le vendeur fût rescindable pour
» cause d'erreur de mon consentement sur la subs-
» tance de la chose ! »

Nous adopterons ce système dont la rigueur apparente est tempérée par ce principe d'équité : « *Que tout fait quelconque de l'homme qui cause à autrui un dommage oblige celui par la faute duquel il est arrivé à la réparer,* » et par la nécessité où se trouve la partie qui demande la nullité du contrat, de prouver son intention d'avoir voulu contracter dans telle condition.

« Observez néanmoins nous dit Pothier, que si
» Jacques, qui ignorait que je le prenais pour Na-
» toire, a, en conséquence de cette convention er-
» ronée, fait le tableau, je serai obligé de le pren-
» dre et de le payer, suivant le dire des experts;
» mais ce n'est pas en ce cas, la convention qui
» m'y oblige, cette convention qui est nulle ne
» pouvant produire aucune obligation ; la cause
» de mon obligation est en ce cas l'équité qui
» m'oblige à indemniser celui que j'ai, par mon
» imprudence, induit en erreur. »

DE L'ERREUR SUR LA PERSONNE

Quand nous avons parlé de l'erreur sur la substance et de l'influence qu'elle peut exercer, nous n'avons pas distingué entre les différentes espèces du contrat ; nous avons pris comme type la vente, en faisant remarquer que nos décisions devaient servir de règles générales. Donc, pour reconnaître s'il y a erreur sur la substance de la chose, la nature de la convention est indifférente ; pour rechercher, au contraire, si l'erreur sur la personne est une cause de nullité du contrat, il est souvent important d'examiner quelle espèce de contrat ont voulu former les parties.

Ainsi dans les contrats de bienfaisance, la considération de la personne est sinon toujours, du moins, presque, toujours, la cause principale de notre libéralité. On donne rarement pour donner. Je veux donner à un tel et non à un autre. C'est Paul que je veux gratifier ce n'est pas Pierre. Si j'exécute gratuitement un mandat, la cause de mon acceptation est très-probablement la considération de la personne qui m'a demandé de la représenter.

Quand je prête sans intérêts une somme d'argent, je viens au secours d'une personne déterminée en faveur de laquelle je fais ce sacrifice. Enfin pour s'engager comme caution, il faut sans doute avoir une affection particulière pour le débiteur principal ou une grande confiance dans sa solvabilité.

Il y a donc dans les contrats, à titre gratuit, bien que les rédacteurs du Code aient laissé aux juges un large pouvoir d'appréciation, un indice assez fort en faveur de la prétention de celui qui nvoque l'erreur sur la personne pour démander la nullité du contrat qu'il a consenti.

Pour apprécier l'inffuence que peut avoir sur la validité d'un contrat à titre onéreux l'erreur sur la personne, il faut tenir compte. non seulement des circonstances de fait, mais encore de la nature spéciale du contrat attaqué. Tout contrat donne naissance, ou à la transmission immédiate de la propriété, ou à des obligations, de ne pas faire. ou de faire quelque chose.

Dans les deux premiers cas, la personne avec laquelle je traite doit être considérée, à moins de circonstances particulières, comme la cause secondaire de mon consentement. Dans le cas au contraire, où la conséquence du contrat est la confection d'un objet d'art, ou l'exécution d'un travail spécial, tout porte à croire que la personne que j'ai choisie pour accomplir les engagements est la cause déterminante de mon consentement. Ainsi : Quand je veux faire construire un château, la personne de l'architecte a une importance évidente. Deux architectes portent le même nom, l'un est célèbre l'autre est médiocre. Si croyant m'adresser à la célébrité je fais marché avec celui qui n'a pas de talent, je pourrai faire annuler le contrat, prétendant qu'il y a erreur sur la personne et que la considération de cette personne a été la cause principale de mon consentement ; mais dans cette hypothèse comme dans le cas où mon erreur porte sur la substance, je ne dois pas par mon silence, causer dommage à autrui, et si la personne avec laquelle j'ai formé le contrat dont je demande la nullité a subi un préjudice, je devrai le réparer. Dans certains contrats de faire, il serait difficile de soutenir que la considération de la personne a été la cause principale de la convention. Par exemple pour faire des travaux de terrassement je traite avec Paul croyant traiter avec Jean. Peu importe par qui ce travail sera fait il n'y a pas là un travail spécial pour l'exécution duquel un talent exceptionnel soit nécessaire. Le bail à ferme « tant vaut l'homme, tant vaut la terre, » le colonat partiaire, le cheptel à moitié, contrats dans lesquels la personne a une grande influence, peuvent être facilement annulés pour cause d'erreur sur la personne, attendu qu'il est très-probable, pour ne pas dire certain, que la considération de la personne a été la cause principale de la convention.

Enfin MM. Demolombe et Larombière, sont d'avis que dans le contrat de société l'erreur sur la personne de l'un des associés peut être cause de la nullité du contrat, quand cette personne n'est pas un simple bailleur de fonds, un commanditaire, ou un actionnaire.

Il est important de ne pas confondre l'erreur sur l'identité de la personne avec l'erreur qui ne porte que sur le nom de la personne, cette dernière erreur ne saurait avoir aucune influence sur la validité du contrat.

Dans tous les exemples que nous avons donnés, nous avons prévu l'hypothèse de l'erreur sur la personne physique, sur l'identité ; je prends Paul pour

Pierre. Mais la personne en droit n'est pas seulement l'être physique. C'est encore l'ensemble des qualités civiles et juridiques de cet être. La considération de ces qualités ne peut-elle pas être la cause principale de la convention? Ne puis-je considérer le lien de parenté qui existe entre Paul et moi comme la cause principale de la donation que je consens en sa faveur? Cet état civil que je prête à Paul l'individualise, fait qu'il est telle personne et non telle autre.

N'y aura-t-il pas erreur sur la personne, s'il n'es pas mon parent; et du moment que je pourrai prouver que cette parenté est la cause principale de la donation, ne serai-je pas en droit d'invoquer l'art. 1110?

Il est une qualité dont l'absence peut causer un préjudice considérable à l'une des parties contractantes, c'est la solvabilité.

Je vends des choses qui se consomment par l'usage à une personne que je crois riche; elle est insolvable. L'erreur en ce cas ne porte plus sur la personne. Que Paul soit riche ou pauvre, au point de vue civil, comme au point de vue juridique sa personne est la même. L'erreur porte sur un des motifs du contrat; nous verrons plus tard que cette erreur est sans influence sur la validité de la convention.

Que le contrat soit de bienfaisance ou à titr onéreux, que l'erreur porte sur l'identité physiqu de la personne ou sur son identité civile, le légis lateur considère comme exceptionnelle la nullité causée par l'erreur sur la personne.

Tout demandeur doit donc prouver que dans le contrat dont il réclame la nullité, la personne est la cause principale de la convention. Nous devons ici faire remarquer la différence qui existe entre la théorie du code et l'ancien droit tel que Pothier le reproduit, « L'erreur sur la personne avec qui je contracte détruit-elle pareillement le consentement et annule-t-elle la convention? Je pense qu'on doit décider cette question par une distinction. Toutes les fois que la considération de la personne avec qui je veux contracter entre *pour quelque chose* dans le contrat que je veux faire, l'erreur sur la personne détruit mon consentement, et rend par conséquent la convention nulle. »

Rien n'était plus dangereux que cette faculté laissée aux parties de demander la nullité de leur contrat du moment qu'il y avait erreur sur la personne, et que la considération de cette personne était entrée pour quelque chose dans la formation du contrat. Les rédacteurs du Code en exigeant que la considération de la personne fût la *cause principale* de la convention ont réalisé un progrès et assuré davantage la stabilité des conventions.

CHAPITRE IV

DE L'ERREUR DE DROIT ET DE L'ERREUR DE FAIT

L'art. 1109 établit d'une manière générale, et sans distinguer entre l'erreur de droit et l'erreur de fait, qu'il n'y a point de consentement valable s'il n'a été donné que par erreur. « Or il n'est pas permis de distinguer lorsque la loi ne distingue et les exceptions qui sont dans la loi ne doivent pas être suppléées. »

Les rédacteurs du Code en posant cette règle générale sans distinction ont donc considéré comme un vice du consentement l'erreur de droit aussi bien que l'erreur de fait. L'erreur de fait comme l'erreur de droit vicie le consentenent, dit M. Larombière, le Code civil ne distingue pas plus que la raison ne peut distinguer elle-même ?

En effet quand mon consentement est déterminé par une erreur, que mon ignorance soit relative à un fait où a une loi, la cause principale de mon consentement n'existe pas. Si j'avais su la vérité il est très probable que je n'aurais pas contracté. Par exemple Jean qui est le cousin germain des deux frères Pierre et Paul, meurt après Paul qui laisse trois enfants. Pierre croyant que les enfants de

Paul peuvent arriver à la succession de Jean par représentation de leur père, partage avec eux le patrimoine du défunt. Quels seraient les titres des enfants de Paul pour retenir ce qui leur est échu en partage? Sont-ils cohéritiers? Non. Sont-ils donataires? Pas davantage. Pierre n'a consenti au partage que parce qu'il pensait que les enfants de Paul représentant leur père avaient droit à la succession de Jean, il n'a pas voulu faire une libéralité.

M. Delvincourt qui prévoit cette même hypothèse s'appuie sur les lois 7 et 8 de Papinien (D. *de ign. jur. et facti*) pour soutenir que Pierre a le droit de répéter ce qu'il a indûment partagé avec les enfants de Paul « *Juris ignorantia suum petentibus non* » *nocet : Juris error in damnis amittendæ rei suæ* » *non nocet.* » Or dans l'espêce, dit M. Delvincourt, le véritable héritier était saisi par la loi de toute la succession, en la partageant avec un tiers il a perdu ce qu'il lui appartenait, *rem suam amisit.* L'erreur de droit ne doit pas lui nuire, donc.....

Nous croyons que ces principes ne sont plus ceux de notre législation et que les rédacteurs du Code en ne reproduisant pas la distinction romaine ont manifesté l'intention de l'abroger. Les art, 1356 et 2052 du Code civil par les exceptions mêmes qu'ils contiennent confirment cette règle : l'Erreur peut être invoquée toutes les fois qu'elle est la cause déterminante du consentement, peu importe qu'elle soit de droit ou de fait.

Art. 1356. « L'aveu judiciaire est la déclaration que fait en justice la partie ou son fondé de pouvoir spécial.

Il ne pourrait être révoqué sous prétexte d'une erreur de droit. » Quelle serait l'utilité de cette restriction si l'erreur de droit ne pouvait jamais être invoquée comme cause de rescision des contrats?

L'art. 1356 en disant que l'aveu ne peut-être révoqué sous prétexte d'une erreur de droit fait implicitement comprendre que l'erreur de droit est en général une cause d'annulation des conventions.

Mais pourquoi l'aveu ne peut-il pas être révoqué, s'il a été la suite d'une erreur de droit ? Parce que, dit très-bien M. Duranton, l'erreur de droit ne détruit pas la vérité du fait avoué et qu'il est impossible d'autre part de prouver que c'est l'erreur de droit qui est la cause déterminante de votre aveu. Par exemple j'ai reconnu une dette qui était prescrite, je prétends révoquer mon aveu, en alléguant qu'il est la suite d'une erreur. Je ne dois pas être écouté, dit Toullier, si je savais que le temps de la prescription était écoulé, parce que je pouvais renoncer à la prescription acquise, et qu'il est possible que j'aie reconnu la dette par la conviction où j'étais qu'elle n'avait pas été payée et qu'il était njuste d'user de prescription.

Je reconnais que vous êtes légataire de mon père, plus tard je découvre un testament qui révoque le legs. Mon aveu est nul comme fondé sur

une erreur de fait. « *Non fatetur qui errat, nisi*
» *jus ignoravit.* » Mais si je veux rétracter mon
aveu sous le prétexte que le testament est nul par
suite d'un vice de forme que j'ai ignoré ; je ne serai
pas écouté. « Il est en effet possible que mon aveu
ait été fondé bien moins sur l'ignorance du vice qui
entache l'acte que sur l'intention de faire honneur
à la mémoire de mon père. »

Donc si l'erreur de droit ne permet pas de révoquer l'aveu ce n'est pas par ce qu'elle « n'excuse
pas ».

D'après M. Delvincourt l'erreur de droit n'excuse
pas, car personne ne doit ignorer la loi. « Nemini
» jus ignorare licet ! » Trop flatteuse présomption
de la science humaine, pure fiction qui d'ailleurs
n'a rien à faire ici, dit M. Larombière.

Il faut faire en effet une distinction entre les
diverses espèces de lois : Oui chacun est présumé
connaître les lois de police et de sûreté, il y a un
intérêt public considérable à cette présomption. Les
étrangers eux-mêmes sont soumis à ces lois, l'ignorance de la loi ne peut-être invoquée pour échapper
à une peine parce que la société est intéressée à la
répression des délits Mais cette présomption n'a
plus de raison d'être, dès qu'ils s'agit d'intérêts
privés, à moins « de changer toutes les obligations
entachées d'erreur de droit en donations forcées, et
tous ceux qui se trompent en véritables donateurs »
selon les expressions vigoureuses de d'Aguesseau.

Art. 2052. Les transactions ne peuvent être attaquées pour cause d'erreur de droit.

Si les transactions ne peuvent être attaquées pour cause d'erreur de droit. « C'est encore, dit M. Larombière, parce que les transactions ayant pour but de prévenir et de terminer les procès, il est impossible de savoir si le consentement a été déterminé par une erreur de droit plutôt que par un désir de rapprochement. » C'est aussi parce que les parties sont réputées avoir sérieusement examiné ou soumis à des hommes compétents, avant de transiger, les différents points de droit que leur contestation pouvait soulever. D'ailleurs, admettre l'erreur de droit comme cause de rescision d'une transaction, ce serait rendre toute transaction impossible et sans stabilité. Les parties qui transigent sont présumées avoir renoncé à leurs droits, à leurs prétentions, leur but est d'éviter un procès. Pour qu'il y ait transaction, il n'est pas nécessaire que les droits des parties soient juridiquement douteux. ; il suffit que le doute et la crainte d'un procès aient existé dans l'esprit des parties. « L'avantage de prévenir ou de terminer un procès serait une cause suffisante de la transaction » (arrêt de la Cour royale de Besançon, 1er mars 1827). On voit dès lors le danger qu'il y aurait à permettre d'attaquer une transaction sous prétexte d'erreur de droit.

La jurisprudence a confirmé cette doctrine par de nombreux arrêts.

D'après l'art. 1110 du Code civil, dit un arrêt du 19 janvier 1824, de la Cour royale de Toulouse, l'erreur est un motif de nullité des conventions, et cet article ne distingue pas entre l'erreur de droit et l'erreur de fait. L'erreur paraît devoir être admise comme cauze de nullité dans ces deux cas : ce qui le prouve, ce sont les art. 1356 et 2052 du même code. Ces deux exceptions seraient inutiles si, d'après l'art. 1110, la règle générale n'était que désormais l'erreur de droit doit être admise aussi bien que l'erreur de fait.

Un arrêt de la Cour de cassation de 1827, décide qu'il y a lieu à répétition toutes les fois qu'il y a eu payement sans qu'il y ait eu dette. Le principe est général et ne comporte d'autres exceptions que celles que la loi a expressément faites. Or, la loi n'a pas dit que pour le cas de répétition il y eût à distinguer entre l'erreur de droit et l'erreur de fait. L'erreur de droit comme l'erreur de fait donne lieu à la répétition de ce qui a été indûment payé.

Dans les considérants de cet arrêt nous lisons : Si la seconde partie de l'art. 1235 et les art. 1356 et 2052 du Code civil établissent des exceptions, tant pour l'obligation naturelle volontairement acquittée à l'égard de laquelle il n'y a pas lieu à répétition que pour cause d'erreur de droit, ces exceptions confirment la règle générale pour les cas non except tés (V. encore arrêt du 8 décembre 1837, Cour royale de Limoges). Pour terminer et résumer cette discussion, nous citerons une note de MM. Massé et Vergé, sur l'ouvrage de Zachariæ.

« L'art. 1109 ne fait aucune distinction entre l'erreur de fait et l'erreur de droit. L'erreur de droit empêche donc qu'il y ait consentement aussi bien que l'erreur de fait. Cette interprétation de l'art 1109 est confirmée par les art. 1356 et 2052 qui veulent, le premier, que l'aveu judiciaire ne puisse être révoqué, le second, que les transactions ne puissent être attaquées pour cause d'erreur de droit, dispositions qui eussent été inutiles si en principe et généralement l'erreur de droit n'était pas une cause de nullité du consentement qu'elle a déterminé.

CHAPITRE V

Si l'absence de certaines qualités produit un effet
considérable sur la validité du contrat, l'existence
de certains vices peut motiver une demande en rescision du contrat ou en diminution de prix, quand
ces vices sont non apparents, inconnus de l'acheteur et de telle nature qu'ils rendent l'usage de la
chose vendue presque impossible et quelquefois
même nuisible. Art. 1641. « Le vendeur est tenu de
» la garantie à raison des défauts cachés de la
» chose vendue qui la rendent impropre à l'usage
» auquel on la destine ou qui diminuent, tellement
» cet usage que l'acheteur ne l'aurait pas acquise ou
» n'en aurait donné qu'un moindre prix, s'il les
« avait connus. »

Cet article nous faisant connaître les caractères
que doivent avoir les vices rédhibitoires, nous ré-
vèle la cause même de leur influence sur la validité
du contrat; « Si l'acheteur les avait connus, il
» n'aurait pas acquis cette chose ou, du moins, n'en
aurait donné qu'un moindre prix. » C'est donc
parce que le consentement de l'acheteur n'a pas été

suffisamment éclairé, qu'il lui est permis de demander la nullité de la vente ou une diminution de prix. « Il résulte une fin de non-recevoir contre l'action rédhibitoire du laps de temps que l'acheteur a laissé écouler sans l'intenter, dit Pothier, au nº 231 du contrat de vente. Par le droit romain l'acheteur avait six mois utiles pour intenter cette action, l'usage de certaines provinces accorde un temps beaucoup plus court. » Il en est de même aujourd'hui, l'action résultant des vices rédhibitoires doit être intentée par l'acquéreur dans un bref délai, suivant la nature des vices rédhibitoires et l'usage du lieu où la vente a été faite (art. 1648).

L'acheteur doit agir dans un délai très-court parce que le vice rédhibitoire devant exister au moment même du contrat, il serait très-difficile, pour ne pas dire impossible, d'établir après un long temps, que le vice était antérieur à la vente. A moins de lois ou d'usages, les tribunaux ont un pouvoir appréciateur pour déterminer le point de départ du délai qui ne peut être unique, qui doit changer avec la nature différente du vice qui affecte la chose.

L'acheteur peut, à son choix, intenter l'action rédhibitoire ou l'action *quanto minoris*. Art. 1644. « Dans le cas des art. 1641 et 1643 l'acheteur a le choix ou de rendre la chose et de faire restituer le prix, ou de garder la chose et de se faire rendre une partie du prix, telle qu'elle sera arbitrée par experts. » « Les vices rédhibitoires ne donnent pas

seulement lieu à l'action rédhibitoire dit Pothier,
n° 232, Cont. de vente, ils donnent aussi lieu à l'action quanto minoris, l'acheteur a le choix de l'une
ou de l'autre. Mais par le droit romain, l'action
quanto minoris, était de plus longue durée et ne se
prescrivait que par un an; parmi nous l'action
quanto minoris se prescrit par le même temps que
l'action rédhibitoire. » Le Code civil est conforme à
notre ancien droit (V. art. 1648).

Chacune de ces actions a son but spécial. Par
l'action quanto minoris, c'est la quotité du prix
que l'on discute; par l'action rédhibitoire, c'est la
validité du contrat que l'on attaque. Si, après avoir
intenté cette dernière action, l'acheteur triomphe,
le vendeur de bonne foi qui ignorait l'existence des
vices rédhibitoires, devra restituer le prix et rembourser à l'acquéreur les frais occasionnés par la
vente (art. 1646 C. civ., Pothier, n°ˢ 212 et 217 du
contrat de vente). Le vendeur de mauvaise foi qui
connaissait les vices de la chose, est tenu, outre
la restitution du prix qu'il en a reçu, de tous les
dommages et intérêts envers l'acheteur, « car
» cette réticence du vendeur est un dol qu'il a
» commis envers l'acheteur qui l'oblige à la répa-
» ration de tout le tort qui en résulte » (art. 1645,
Pothier, n° 212, cont. de vente).

Que la vente soit mobilière ou immobilière, l'acheteur a le droit d'intenter l'action résultant des
vices rédhibitoires. Le droit romain, l'ancien droit
et la généralité des termes de l'art. 1641 ne laissent

pas de doute à cet égard, dit très-justement M. Marcadé. En effet, Ulpien dans la loi 49 de Ædil. ed. et Dioclétien, en la loi 4, C. de Ædil. act., rapporte des exemples que reproduit Pothier (n° 206, contrat de vente), où il est question de vices rédhibitoires affectant un immeuble. « Si » pestilens fundus, si pestibilis fundus (id est pes- » tibiles herbas vel letiferas habens). » Et le mot chose, de l'art. 1641, s'applique aux immeubles comme aux meubles.

Mais si la vente soit mobilière soit immobilière est faite par autorité de justice, l'action résultant des vices rédhibitoires n'a pas lieu. (art. 1649.) Pourquoi? La raison que donne Merlin dans son répertoire n'est certainement pas bonne. Ce n'est pas parce que la justice n'est jamais présumée tromper personne, attendu que le vendeur de bonne foi qui, ignorant l'existence du vice rhédibi- toire n'a pas l'intention de tromper l'acheteur n'est pas à l'abri de l'action que ce dernier peut intenter contre lui (art. 1646). Ne serait-ce pas plutôt parce que la vente par autorité de justice accompagnée de formalités de vérification qui ne permettent guère de craindre la fraude des vendeurs et l'ignorance des acheteurs entraîne des frais considérables qui se- raient perdus si la vente était résolue pour être re_ commencée.

Quoiqu'il en soit la loi est formelle.

La loi du 20 juin 1838 n'a modifié ces principes que relativement aux vices rédhibitoires qui peuvent affecter les ventes d'animaux domestiques. D'après cette loi, les vices rédhibitoires sont limitativement déterminés (art. 1er). « Sont réputés vices rédhibitoires et donneront seuls ouverture à l'action résultant de l'art. 1641 du Code les maladies ou défauts ci-après.....

L'acheteur n'a plus le choix entre l'action quanto minoris et l'action rédhibitoire. Cette dernière seule existe (art. 2). « L'action en réduction du prix autorisée par l'art. 1644 du Code civil ne pourra être exercée dans les ventes et échanges d'animaux énonés dans l'art. 1er..... »

Le délai n'est plus variable selon l'usage des lieux ou la nature des vices; dans toute la France le délai pour intenter l'action rédhibitoire et provoquer l'expertise est, non compris le jour fixé pour la livraison, de neuf jours, excepté dans deux cas ou il se prolonge jusqu'à trente jours (art. 3).

Ainsi en règle générale, l'erreur sur l'existence de certains vices permet à l'acheteur de demander la nullité de la vente ou une diminution de prix. Nous allons maintenant étudier un cas où l'acheteur a le choix, par suite d'erreur, de se désister du contrat ou de subir une augmentation de prix :

Il s'agit d'une vente immobilière et l'acte est ainsi conçu : vente d'un immeuble de 160 hectares à 1000 francs l'hectare. Quand il se trouve une contenance plus grande que celle exprimée au contrat, l'acquéreur a le choix de fournir le supplément du prix ou de se désister du contrat, si l'excédant est d'un vingtième au-dessus de la contenance déclarée : par exemple, si l'immeuble mesure 168 hect, l'acheteur peut se désister de la vente s'il ne veut pas payer le supplément du prix (art. 1617).

. Paul vend pour 160,000 francs une vigne de 80 hectares et un bois de même mesure, si la mesure réelle diffère de la mesure exprimée d'un vingtième en plus eu égard à la valeur de la totalité des objets vendus, l'acquéreur a le choix de se désister du contrat ou de fournir le supplément du prix (art. 1620). Le prix total étant de 160,000 francs l'acquéreur aura le droit, si l'excédant de mesure augmente le prix de 8,000 francs, de demander la rescision du contrat. Ce n'est plus ici l'excédant de mesure que l'on prend en considération, c'est l'excédant de prix. Si l'hectare de bois vaut 1,000 francs et que l'hectare de vigne soit d'une valeur égale, la différence de prix sera en rapport avec la différence de mesure, l'excédant d'un vingtième dans la mesure coïncidera avec l'excédant d'un vingtième dans le prix. Mais si l'hectare de bois vaut 500 francs et l'hectare de vigne 1,500 francs, si les deux fonds sont vendus pour un seul et même prix 160,000 francs, l'excédant d'un vingtième dans le prix étant une cause de rescision, il faudra qu'il y ait 16 hect. de plus dans la contenance du bois c'est-à-dire un dixième en plus dans la mesure pour autoriser l'acquéreur à demander la rescision du contrat, il suffira de 5 hectares et 1/3 en plus dans la contenance du champ de vigne c'est-à-dire moins d'un ving-

tième en plus dans la mesure pour donner à l'acquéreur la même faculté.

L'hectare de bois et l'hectare de vigne ont la
même valeur ; chacun d'eux est estimé 1000 francs
je crois acheter pour 160,000 francs, 80 hectares de
bois et 80 hectares de vigne, je trouve 90 hectares
de vignes et 70 hectares de bois, il n'y a pas de modification dans mon prix, c'est toujours 160,000 fr.
que je dois payer, on fait compensation jusqu'à due
concurrence. Mais si l'hectare de vigne vaut 1,500 fr.
l'hectare de bois 500 ; malgré la compensation, l'excédant de la mesure de la vigne augmentant mon
prix d'un vingtième au moins, même davantage
(10,000) (cet excès de contenance porte mon prix à
170,000 francs), j'ai le droit de me désister du contrat, si je ne veux pas payer le supplément du prix
(art. 1623).

L'acheteur qui, au lieu d'un excédant, trouve un
déficit dans la contenance de la chose vendue, ne
peut pas ou se désister du contrat, ou exiger une
diminution de prix. Cette dernière faculté lui est
seule accordée (art. 1617). « Si la vente d'un immeuble a été faite avec indication de la contenance, à
raison de tant la mesure, le vendeur est obligé de
délivrer à l'acquéreur, s'il l'exige, la quantité indiquée au contrat.

Et si la chose ne lui est pas possible, ou si l'acquéreur ne l'exige pas, le vendeur est obligé de
souffrir une diminution proportionnelle du prix. »

Art. 1619. « Dans tous les autres cas, l'expression

de la mesure ne donne lieu, en faveur de l'acquéreur, à aucune diminution du prix pour moindre
mesure qu'autant que la différence de la mesure
réelle à celle exprimée au contrat est d'un vingtième en moins, eu égard à la valeur de la totalité
des objets vendus. »

Cependant l'acquéreur serait autorisé, croyons-
nous, à demander la rescision de la vente, si l'immeuble était acheté pour une certaine destination
à laquelle le défaut de contenance le rend impropre
(V. Aubry et Ráu, § 354). « Sans doute, dit Marcadé, la faculté de résilier ne résulte pas de notre
art. 1617, et c'est là tout ce que signifie ce passage
du rapport de M. Grenier au Tribunat : « On remarque une différence entre la circonstance de
l'excédant de contenance et celle du déficit, c'est
que, pour la première, l'acquéreur peut se désister
du contrat, au lieu qu'à l'égard de la deuxième,
cette faculté ne lui est pas accordée. La raison en
est que, lorsqu'il y a une moindre étendue l'acquéreur est toujours présumé avoir voulu l'acheter, et
il est incontestable qu'il en a les moyens, puisqu'il
avait voulu en acquérir une plus grande, au lieu
que lorsqu'il y a excédant de contenance, en for-
çant l'acquéreur de payer le supplément du prix,
il serait obligé à acheter plus qu'il n'aurait voulu
et que peut être il ne pourrait payer. » Mais on ne
peut pas me forcer à prendre un terrain que je n'a-
chetais que pour un usage auquel la contenance
par vous déclarée le rendait propre et auquel le dé-

faut de cette contenance le rend impropre. L'acheteur ne peut plus être présumé avoir voulu acheter, quand il prouve qu'il n'aurait pas acheté. »

Nous n'appliquerons pas à cette hypothèse l'article 1622 qui déclare que l'action en supplément de prix de la part du vendeur, et celle en diminution de prix ou résiliation du contrat de la part de l'acquéreur, doivent être intentées dans l'année, à compter du jour du contrat, à peine de déchéance.

Cette hypothèse nous semble devoir être plutôt régie par les art. 1110 et 1304.

L'étendue n'est-elle pas alors la qualité substantielle de l'immeuble vendu?

CHAPITRE VI

DE L'INFLUENCE DE L'ERREUR DANS LA PERSONNE SUR LA VALIDITÉ DU MARIAGE

Le mariage, dans notre droit actuel est un contrat civil; à cause de son importance et de son caractère spécial, le législateur a voulu que certaines solennités fussent indispensables à son existence. Si le consentement des parties ne suffit pas pour former le contrat de mariage. Le mariage étant un contrat, il n'y a pas mariage quand il n'y a pas consentement (art. 146, C. civ.). Et quand il y a erreur dans la personne, le mariage peut être attaqué par celui des époux qui a été induit en erreur (art. 180, C. civ.).

Quel sens devons-nous donner à cette expression : Erreur dans la personne? Nous touchons ici à une des questions les plus délicates et les plus controversées de notre droit civil.

Pour éviter toute confusion, il est nécessaire de diviser notre discussion en deux parties.

Première partie. — De l'influence de l'erreur dans la personne physique.

Deuxième partie. — De l'influence de l'erreur dans la personne civile.

PREMIERE PARTIE

INFLUENCE DE L'ERREUR DANS LA PERSONNE
PHYSIQUE

D'après les meilleurs esprits, l'erreur sur la personne physique ne permettant pas que le consentement se forme, cette hypothèse est un cas particulier qui rend le contrat de mariage absolument nul, et qui n'est pas prévu par l'art. 180, c. civ. (MM. Demolombe, Marcadé.)

Des jurisconsultes non moins éminents (MM. Aubry et Rau) pensent au contraire que l'art. 180 doit s'appliquer à l'erreur sur la personne physique et à l'erreur sur la personne civile.

Enfin un de nos maîtres les plus estimés M. Labbé ést d'avis que l'art. 180 doit rester étranger aux deux cas d'erreur sur l'identité physique et l'identité civile.

« Pour prouver que l'erreur sur la personne physique empêche le contrat de se former il suffit de citer Pothier : « Il est évident que l'erreur de l'une des parties qui tombe sur la personne même qu'elle se propose d'épouser *détruit son consentement.*

Par exemple, si me proposant d'épouser Marie et croyant contracter avec Marie et épouser Marie je promets la foi de mariage à Jeanne qui se fait passer pour Marie, il est évident qu'il n'y a pas de consentement et que le mariage que j'ai contracté avec Jeanne que je prenais pour Marie est nul par défaut de consentement. Car le concours des vo-lontés des deux parties pour une chose, *duorum in idem placitum consensus*, ne se trouve pas dans cette espèce, puisque si Jeanne a voulu m'épouser, je n'ai pas de même voulu épouser Jeanne; *ma volonté n'a pas concouru* avec la sienne in idem placitum. » On ne peut mieux établir l'absence de consentement.

De plus à la séance du 24 frimaire an X, le premier consul après avoir entendu la lecture de l'art. 146 ainsi rédigé : « Il n'y a pas de mariage quand il n'y a pas de consentement. Il n'y a pas de consentement, quand il y a violence, séduction ou erreur sur la personne, » s'est exprimé en ces termes : On a distingué entre l'erreur sur l'individu physique et l'erreur sur les qualités civiles. Pas de mariage, quand un individu est substitué à celui qu'on a consenti d'épouser. Mariage susceptible d'être cassé, quand l'individu avec lequel on a con-tracté mariage est bien physiquement le même mais n'appartient pas à la famille dont il a pris le nom. »

Ces paroles doivent avoir une grande portée dans la discussion attendu qu'à la fin de cette séance sur laquelle nous aurons à revenir, le dernier para-graphe de l'art. 146 fut supprimée.

On peut du mot personne employé par le législateur conclure que l'art. 180 ne prévoit pas seulement l'erreur sur l'identité physique, mais c'est à tort, croyons-nous, que M. Demolombe découvre dans ce mot personne l'intention d'exclure de l'art. 180 le cas de l'erreur sur la personne physique.

L'argument suivant ne nous semble pas irréfutable : « Accorder six mois, dit-on,|à l'époux qui a été dans l'erreur pour demander la nullité du mariage, cela suppose une erreur susceptible de se prolonger après le mariage. Qnand il y a substitution de personne, aussitôt le mariage contracté, l'erreur saute aux yeux. » Mais, répondrons-nous, en dehors du cas d'erreur sur la personne physique l'erreur peut-être découverte immédiatement après le mariage. D'ailleurs l'art. 181 ne donne pas un délai de six mois pour rechercher l'erreur, mais pour intenter la demande en nullité du contrat de mariage.

Ce système doit néanmoins être suivi parce qu'il est logique, conforme aux principes généraux et qu'on ne peut pas établir que les rédacteurs du code aient voulu s'en écarter.

Un principe est posé dans l'art. 146 : Il n'y a pas de mariage quand il n'y a pas de consentement. Peut-on dire que le consentement existe, dans le cas de substitution de personne physique? Assurément non. La lecture de Pothier (n° 308, *traité du cont. de mar.*), nous donne à cet égard les notions les plus précises. Donc le mariage n'existe pas. S'il n'existe pas peut-on appliquer l'art. 180

qui ne permet qu'à l'époux induit en erreur de demander la nullité du mariage et cela pendant un délai de six mois depuis la découverte de son erreur ?

MM. Aubry et Rau soutiennent très-ingénieusement que ce système est la vérité philosophique mais non la vérité légale. « Il résulte de l'ensemble de la discussion au conseil d'Etat et surtout de la suppression du second alinéa de l'art. 146 qui portait : « Il n'y a pas de consentement, lorsqu'il y a violence ou erreur sur la personne. » qu'on n'a entendu accorder pour l'erreur sur la personne de quelque nature que pût être cette erreur qu'une simple action en nullité limitée dans sa durée et restreinte quant à son exercice à certaines personnes. On ne peut qu'approuver le parti auquel les rédacteurs du code se sont rangés. Il serait contraire à l'intérêt des familles, à la morale publique que sous prétexte d'erreur sur la personne physique l'existence d'un mariage pût être contestée à toute époque, malgré une cohabitation continuée pendant plusieurs années, par toute personne intéressée, y compris l'époux qui aurait trompé son conjoint. » .

Nous répondrons que c'est dans cette séance même à laquelle MM. Aubry et Rau font allusion qu'ont été prononcées les paroles si nettes que nous avons reproduites au commencement de la discussion, que les inconvénients qu'ils signalent ne sont pas particuliers à notre hypothèse, qu'ils sont la conséquence de la nullité absolue du mariage; qu'ils sont aussi redoutables quand la nullité du mariage résulte de l'ivresse de l'un des conjoints. Et cependant MM. Aubry et Rau admettent la nullité absolue du mariage contracté par un individu en état d'ivresse. La loi, ajoutent MM. Aubry et Rau, considère que le consentement existe, alors même qu'il est entaché d'erreur, la preuve en est dans les articles 1109 et 1110.

Cette observation est relativement exacte, mais elle est trop absolue. L'erreur rend le contrat annulable, quand elle tombe sur la substance de la chose qui fait l'objet du contrat. Mais nous verrons que si l'erreur porte sur l'identité de l'objet du contrat, le consentement n'ayant pu se former, le contrat est nul. La personne dans le mariage est certainement l'objet du contrat. Par suite de la substitution de personne, l'erreur porte sur l'identité d'objet, nous devons déclarer le contrat nul.

M. Paul Pont applique l'art. 180 au cas d'erreur dans la personne physique parceque même dans ce cas « Il y a consentement de fait. » Nous pensons avoir suffisamment prouvé le contraire. Le consentement existe de fait, mais vicié, lorsque la personne est bien physiquement mais non légalement la personne que je crois épouser.

Ceci nous amène à parler de la troisième opinion d'après laquelle l'art. 180 ne s'appliquerait ni à l'erreur sur la personne physique ni à l'erreur sur la personne civile : « Un point démontré jusqu'à l'évidenec, dit M. Labbé, c'est la distinction entre l'absence de consentement qui peut provenir d'une erreur et le consentement vicié par l'erreur. Le premier cas est prévu par l'art. 146 : point de consentement point de contrat ; le second est l'objet de l'art. 180. Le consentement existe, il est imparfait, La nullité est relative. »

C'est un excellent résumé des principes que nous appliquons. Mais M. Labbé ajoute : « S'il n'y a pas » de consentement, quand je suis trompé sur l'iden- » tité physique n'en est-il pas de même quand mon » erreur a pour objet l'identité civile de la personne. » L'interrogation et la réponse ne portent pas sur » l'individu physique alors présent quelque soit son » nom et son *état*, mais sur une personne ayant un » nom, un état, des relations précises. Le mariage » unit non pas des individus qui se rencontrent » par hasard ou par fraude mais des personnages » qui ont des précédents, une condition, une exis- » tence juridique. Le consentement intervient entre » les individus qui sont devant l'officier de l'état » civil mais il a pour objet une union à former entre » les personnes civiles dénommées par cet officier » civil et qui seront dans le procès-verbal de la célé- » bration. Une erreur sur l'identité de l'objet d'un » contrat et dans le mariage sur l'identité civile de » la personne agréée empêche l'accord des volontés, » anéantit le contrat. Pour trouver une application » de l'art. 180, il faut prévoir le cas d'erreur sur les » qualités substantielles de la personne. »

L'art. 180 croyons-nous, ne permet pas d'adopter
ce système, si cette expression « erreur dans la personne » est trop large pour qu'on doive la restreindre
à l'erreur sur la personne physique, elle est trop
nette pour en conclure que l'art. 180 ne s'applique
qu'à l'erreur sur les qualités de la personne.

D'ailleurs cette analogie entre l'erreur sur l'identité physique et l'erreur sur l'identité civile est-elle
absolue ? Ne pouvons-nous pas établir entre l'erreur sur la personne physique et l'erreur sur la
personne civile la différence qui existe entre l'erreur sur l'identité et l'erreur sur la substance de
l'objet. La substance d'une chose, philosophique-
ment parlant, est ce qui la distingue des autres
choses, c'est son *nomen appellativum* ; la personne
civile n'est-elle pas aussi, ce qui fait qu'un individu
est lui et non pas un autre. Dès lors la distinction
que nous établissons entre la personne physique et
la personne civile est conforme aux principes.
Quand je me trompe sur la personne physique,
certainement je ne consens pas : je crois épouser
telle jeune fille que je connais et que j'aime ; une
autre par substitution s'est présentée devant l'officier de l'état civil, je n'ai jamais voulu l'épouser.
Si au contraire cette personne que je crois être Marie
est de fait Jeanne, cette erreur n'empêche pas que
j'ai épousé la jeune fille que je connais et que j'aime.
Mon consentement est vicié. mais de fait il a existé.
J'ai consenti à épouser la personne qui s'est présentée avec moi devant l'officier de l'état civil.

En résumé le cas de l'erreur sur la personne physique empêchant le consentement de se former ne
tombe pas sous l'application de l'art. 180 qui suppose que le consentement des parties a été simplement vicié, et doit être régi par l'art. 146, du Code
civil.

DEUXIÈME PARTIE

Ecartant l'hypothèse de l'erreur dans la personne physique. Quel sens devons-nous donner à l'art, 180?

Trois systèmes se trouvent en présence :

Le premier décide que le mot personne fait allusion à l'identité civile seule.

Le deuxième déclare que l'intention du législateur a été de s'en rapporter à la sagesse des tribunaux, autrement dit, réduit la question de droit à une question de fait.

Le troisième soutient que le mariage doit être annulé toutes les fois que l'erreur porte sur une des qualités constitutives, substantielles de la personne.

Nous pouvons citer des arrets ou des jugements à l'appui de chacune de ces opinions.

Le 6 août 1827 la Cour de Bourges annule un mariage contracté par un réfugié italien qui s'était crée un état civil imaginaire.

En 1840 le tribunal de Montpellier, après deux remises successives à cause de la gravité de la question, décide que le mariage pourra être annulé pour cause d'erreur toutes les fois que l'individu avec lequel on a contracté mariage ne sera pas corporellement et légalement celui que l'on croyait épouser.

D'après un jugement du tribunal civil de la Seine en date du 4 février 1860, on ne doit considérer comme erreur entraînant la nullité du mariage que celle qui ayant pour objet soit l'individualité physique, soit l'individualité civile, porte sur une personnalité complète et soulève une question d'identité.

Le 26 août 1853 le tribunal de Boulogne posant en règle que les tribunaux ont un pouvoir souverain d'appréciation, déclare nul, par application de l'art, 180, un mariage avec une fille adultérine que l'époux avait crue légitime.

Le tribunal de Chaumont, par jugement du 9 juin 1858 a annulé un mariage pour cause de dissimulation de grossesse au moment de la célébration du mariage.

Enfin la Cour d'Angers par un arrêt du 29 janvier 1859 a déclaré nul, par erreur dans la personne, le mariage entre catholiques, lorsque l'un des époux refuse, après la célébration civile, de procéder à la consécration religieuse du mariage.

Le 11 février 1861 la Cour de cassation appelée pour la première fois à se prononcer sur la question, déclare qu'il n'est pas nécessaire pour invalider le mariage que l'erreur porte sur une personnalité complète, ou en d'autres termes, qu'elle soulève une question d'identité ; il suffit qu'il y ait erreur sur des conditions substantielles, constitutives de cette personnalité. Voici les considérants de cet arrêt :

« Vu les art. 146 et 180 du Code civil, attendu qu'il résulte de la combinaison desdits articles que la nullité d'un mariage ne peut être prononcée pour cause d'erreur que lorsqu'il y a erreur dans la personne, cette erreur doit s'entendre non-seulement de l'erreur dans la personne physique, mais encore de l'erreur dans la personne civile, attendu que lorsqu'une peine afflictive et infamante a diminué la personne civile du condamné et l'a privé d'une partie notable de ses droit civils et civiques, par application des art. 28 et 34 du Code pén. il est du droit et du devoir des tribunaux d'examiner d'après les faits et circonstances de la cause, jusqu'à quel point l'erreur a porté sur des conditions substantielles, constitutives de la personne civile et a pu opérer erreur dans la personne et par suite vicier le consentement de l'époux trompé. — Attendu que sans entrer dans cet examen la Cour impériale de Paris a repoussé péremptoirement la demande de la femme X par le motif que pour être une cause d'annulation l'erreur doit porter sur une personnalité complète et soulever une question d'identité, et que dans la cause, l'individualité d'X n'était pas en question, Casse... »

Cet arrêt fut jugé sévèrement par le monde judiciaire qui déclara que c'était là un arrêt de sentiment que viendrait bientôt démentir un arrêt de doctrine. En effet le 24 avril 1862 la Cour de cassation, chambres réunies, rend un arrêt solennel par lequel la Cour : « Attendu que l'erreur dans la personne, dont les art. 146 et 180 du Code civil ont fait une cause de nullité de mariage, ne s'entend, sous la nouvelle comme sous l'ancienne législation, que d'une erreur portant sur la personne elle-même, attendu que si la nullité ainsi établie ne doit pas être restreinte au cas unique de l'erreur provenant d'une substitution frauduleuse de personne au moment de la célébration, si elle peut également recevoir son application quand l'erreur procède de ce que l'un des époux s'est fait agréer en se présentant comme membre d'une famille qui n'est pas la sienne, et s'est attribué les conditions d'origine et la filiation qui appartiennent à un autre, attendu que le texte et l'esprit de l'art. 180 du Code civil écartent virtuellement de sa disposition les erreurs d'une autre nature et n'admettent la nullité que pour l'erreur qui porte sur l'idendité de la personne et par le résultat de laquelle l'une des parties a épousé une personne autre que celle à qui elle croyait s'unir. — Qu'ainsi la nullité pour erreur dans la personne reste sans extension possible aux simples erreurs sur des conditions ou des qualités de la personne, sur des flétrissures qu'elle aurait subies, et spécialement à l'erreur de l'époux qui a ignoré la condamnation à des peines afflictives et infâmantes antérieurement prononcée contre son conjoint et la privation des droits civils et civiques qui s'en est suivie. — Que la déchéance établie par l'art. 34 du Code pénal ne constitue par elle-même ni un empêchement au mariage ni une cause de nullité de l'union contractée. — Qu'elle ne touche non plus en rien à l'identité de la personne, qu'elle ne peut donc motiver une action en nullité du mariage pour erreur dans la personne. — Qu'en le jugeant ainsi et en rejetant la demande en nullité de son mariage, formée par Z. H. et motivée sur l'ignorance où elle avait été à l'époque du mariage, de la condamnation à quinze ans de travaux forcés qu'avait antérieurement subie B. son mari et de la privation des droits civils et civiques qui en avait été la suite, l'arrêt attaqué n'a fait qu'une juste et saine application des art. 146 et 180 du Code civil, Rejette... »

Voyons sur quels arguments s'appuie chacun de ces systèmes.

Tous invoquent les travaux préparatoires, et en effet dans la discussion qui a eu lieu au Conseil d'Etat, toutes les opinions ont été émises. « Mais il faut faire une grande différence disait très-bien le Procureur général Dupin, entre les opinions arrêtées, émises par des auteurs sur une loi existante et dont le texte les enchaîne par les liens de la logique et de l'autorité, et les opinions échangées entre les législateurs que rien ne gêne, rien ne contrarie, qui mettent en avant ou en réplique les idées qui leur viennent instantanément : Il ne faut donc en dernière analyse s'attacher qu'aux résultats et non pas à tel ou tel fragment qui nous a plu davantage. Autrement on risquerait souvent d'invoquer l'opinion qui a succombé tandis qu'il s'agit

uniquement de démêler l'opinion qui a définitive-
ment prévalu. »

Ces observations sont fort justes, mais dans ce
cas particulier la décision prise peut s'interpréter
différemment.

En effet, analysons la dernière séance dans laquelle
on s'est occupé de l'art. 146. Après deux conférences
où l'on avait déjà discuté et modifié la rédaction à
donner à cet article et après l'adoption de cette formule proposée par M. Bigot Préameneu : « Il n'y
a pas mariage, quand il n'y a pas consentement. Il
n'y a pas consentement quand il y a violence, séduction ou erreur dans la personne. » le 24 frimaire
an X, M. Tronchet critique la rédaction de l'article 146. — L'article n'est pas exact, dit-il, dès
qu'il existe un acte matériel il y a mariage. Ce mariage subsiste jusqu'à la demande en nullité, c'est
ce qu'il importe de faire sentir afin que les parties
ne se croient pas autorisées à se dégager de plein
droit. M. de Réal confirme cette manière de voir.

Le premier consul résumant les discussions pré-
cédentes dit qu'on a distingué entre le cas où l'officier de l'état civil suppose un consentement non
donné, et le cas où le consentement n'a pas été
libre. Dans le premier cas, pas de mariage ; dans le
second, mariage qui peut être déclaré nul. On a
distingué entre l'erreur sur l'individu physique
et l'erreur sur les qualités civiles. Pas de mariage
quand un individu est substitué à celui qu'on a
consenti d'épouser ; mariage susceptible d'être cassé

quand l'individu avec lequel on a contracté mariage est bien physiquement le même, mais n'appartient pas à la famille dont il a pris le nom. L'article décide qu'il n'y a pas de mariage quand il n'y a pas de consentement, et confondant tous les cas déclare qu'il n'y a pas de consentement, par conséquent de mariage, quand il y a erreur, violence, séduction.

M. Regnier trouve la première partie de l'article excellente.

Le premier consul reprend alors son idée : L'erreur sur la personne signifierait erreur sur la personne physique ; mais nous ne sommes plus dans l'état de nature. Dans l'ordre social, la personne se compose de qualités civiles, du nom. Dans l'ordre social même, le nom et les qualités civiles ne font pas la personne, deux sœurs du même nom sont deux personnes différentes.

Dans la législation actuelle, répond M. Emmery, il y a erreur sur la personne toutes les fois que l'acte civil est faux.

M. Regnier propose de donner aux tribunaux un pouvoir appréciateur, car il est des circonstances où ce serait une extrême rigueur d'obliger l'époux trompé à demeurer sous le joug du mariage. Le premier consul ne peut se rendre à cette opinion. Le mariage ne doit être annulé que lorsque la femme est complice de la fraude dont l'époux est victime. Ce serait une loi immorale que celle qui punirait la femme innocente.

M. de Real propose l'exemple suivant : Une fille illégitime est mariée comme fille légitime. Le mariage doit être déclaré valable.

Le premier consul annule le mariage si la femme a été complice des manœuvres frauduleuses. M. Regnier répond : Du reste, il n'y a réellement erreur sur la personne que quand on a épousé un individu pour un autre. M. Malleville ajoute : « On a toujours distingué l'erreur dans la personne même et l'erreur sur les qualités de la personne ; cette dernière erreur n'a jamais été accueillie comme cause de dissolution ; il en est autrement de l'erreur dans la personne, on a toujours jugé que dans cette hypothèse il n'y a pas de consentement. Vainement on voudrait réduire cette application à l'erreur sur la personne physique, l'erreur peut avoir un autre objet : la personne sociale. »

Le premier consul persiste dans son opinion de distinction, et n'admet la nullité du mariage que s'il y a eu manœuvres frauduleuses de la part de l'époux, sur la personne civile de laquelle on s'est trompé.

Le consul Cambacérès soutient qu'il y a erreur quand l'un des epoux épouse une autre personne que celle à laquelle il voudrait s'unir. On a toujours pensé, ajoute-t-il, que l'erreur sur les qualités ne portait pas préjudice au mariage. Cependant on a considéré le consentement comme erroné lorsque

l'individu qui l'a donné épouse la fille d'un autre
que celui avec lequel il croyait s'allier.

Cette manière de voir est appuyée par le ministre de la justice. Le premier consul répond que c'est
la considération de l'individu qui influe sur le mariage ; qu'on ne peut pas, dans l'hypothèse prévue,
renvoyer la femme dans l'état où elle était quand
on l'a prise, quel malheur pour l'innocent ! Il faut
donc distinguer : annuler le mariage s'il y a eu dol,
le maintenir dans le cas contraire.

Le ministre de la justice fait observer que si l'é-
poux est de bonne foi, le mariage sera putatif. Le
premier consul veut que la bonne foi ait plus de
force, qu'elle valide le mariage. M. Tronchet reproduit l'idée du ministre de la justice ; M. Regnier
s'en rapporte à la conduite que tiendrait un hon-
nête homme.

Le consul Cambacérès éloigne de la discussion
l'influence de la dot, ne s'occupe que de la famille ;
c'est à ce propos qu'il parle de la jurisprudence de
quinze cents ans. Le premier consul reprend de
nouveau son idée de distinction. M. Tronchet
trouve dans cette discussion le danger qu'il y a à
s'éloigner des principes pour se déterminer par des
considérations. Les principes sont que le consentement fait le mariage et qu'il n'y a pas de consentement quand il y a erreur. Il est prudent de laisser
les tribunaux appliquer le principe suivant les circonstances ; ils examineront quelle influence l'erreur a eue sur le consentement.

Le consul Cambacérès répondant à M. Régnier qui repousse l'opinion de M. Tronchet après l'avoir présentée le premier dans la discussion, prévoit l'hypothèse où, épousant une femme riche croyant épouser une femme pauvre, je veux retourner à la personne que j'ai choisie.

M. Rœderer dit : « La nécessité du consentement pour la validité du mariage est incontestable; mais c'est un parologisme de dire qu'il n'y a pas de consentement quand il y a erreur des deux côtés : » l'amabilité de l'un rit à l'imagination de l'autre; ils s'acceptent mutuellement pour époux; si le mari vient ensuite déclarer que l'épouse lui déplaît, c'est un fourbe. Il ressemble à celui qui ayant vu une maison et consenti à l'acheter, refuse de la prendre parce que la rue où elle est située ne porte plus le même nom. »

M. Tronchet trouve que M. Rœderer s'égare dans la discussion, car il suppose que le consentement de l'époux est toujours déterminé par la vue de l'objet auquel il s'unit. On ne contracte pas mariage comme on achète une maison; des personnes, sans s'être jamais vues, conviennent de s'épouser; chacun d'eux çonnaît la famille, les mœurs, l'éducation de l'autre; « la figure n'est qu'un accessoire pour l'homme sage. » La question n'est pas de savoir si cette erreur influe sur la validité du mariage, ou si elle est couverte par la présomption qu'elle n'eût pas fait refuser le consentement. Il s'agit d'examiner si les effets de l'erreur doivent être res-

treints au cas où l'époux qui en est l'objet en a été
complice. Il y a alors défaut de consentement ; la loi
ne peut pas priver l'époux trompé du droit de faire
valoir la nullité du mariage.

M. Rœderer pense que la lôi doit se réduire à déclarer qu'il n'y a pas de consentement lorsque l'un
des époux a été trompé par l'autre. Le consul Cambacérès propose de retrancher le deuxième alinéa de
l'article : « Il n'y a pas de consentement quand il y
a violence, séduction ou erreur sur la personne. »
Cette proposition est adoptée.

Ainsi, dit M. Toullier, on laisse aux tribunaux à
décider, suivant les faits et les circonstances, les cas
où il n'y a point de consentement valable. Mais
M. Malleville, qui a pris part à la discussion, s'exprime ainsi dans son analyse raisonnée sur l'article 180 du Code civil : « Quant à l'erreur, suivant le
droit romain et le droit canonique, elle ne rendait
le mariage nul que lorsqu'elle tombait sur la personne même. Si, par exemple, on m'a fait épouser
par surprise Marie, tandis que je croyais épouser
Jeanne, ce qui pouvait arriver dans le cas où,
sous un voile, on conduisait à l'autel, ou devant l'officier public l'une pour l'autre, le mariage est radi-
calement nul, mais l'erreur dans la fortune, la vertu
et les autres qualités de la personne ne vicient pas
le mariage ; ainsi tant pis pour moi si j'épouse une
fille sans biens, sans naissance et sans honnêteté,
croyant épouser une personne riche, vertueuse et
d'une naissance illustre. On exceptait pourtant le

cas où j'aurais épousé une esclave croyant qu'elle était libre. Les lois s'arrêtaient à ces principes géraux. On voulut aller plus loin et distinguer l'identité morale de l'identité physique on dit que dans l'état de nature l'identité physique faisait tout et que l'erreur dans cette identité pouvait seule annuler le mariage, mais que dans l'ordre social il y avait d'autres qualités qui personnalisaient l'individu. Si croyant épouser la fille d'un général, d'un magistrat j'épouse la fille d'un homme sans nom peut-on soutenir qu'il n'y a pas eu erreur dans la personne ? Dans ce cas là même, on voulait distinguer l'erreur occasionnée par le dol de la personne épousée, d'avec celle qui provient du dol d'un tiers et ce n'était que dans ce dernier cas qu'on prétendait faire annuler le mariage ; mais après bien des élucubrations on convint de ne pas entrer dans le détail et les choses en sont restés sur le *pied des lois anciennes.* »

Si nous consultons MM. Boudeville et Portlais, nous trouvons la même diversité d'opinions.

En effet, d'après M. Boudeville, pour régler les cas où il y a erreur sur la personne, le plus grand acte de sagesse du législateur est de s'en remettre à celle des tribunaux. Point de consentement ou de consentement parfaitement libre, point de mariage. — « Ce fanal dirigera bien plus sagement les juges que les idées métaphysiques ou complexes qui ne pourraient faire que les embarrasser ou les égarer. »

Voici les paroles que prononça M. Portalis quand

il présenta au corps législatif l'exposé des motifs du titre du mariage :

« S'il n'y a point de véritable consentement lorsqu'il n'y à point de liberté, il n'y a pas non plus consentement quand il y a erreur. L'erreur en matière de mariage ne s'entend pas d'une simple erreur sur les qualités, la fortune, ou la condition de la personne avec laquelle on s'unit. Mon intention était d'épouser une telle personne j'en épouse une autre qui lui est substituée à mon insu et contre mon gré, le mariage est nul. »

La plupart des orateurs du conseil d'état ont invoqué dans la discussion l'autorité des lois anciennes que, d'après M. Maleville, notre droit civil n'a fait que reproduire, que disaient donc les lois anciennes ?

Merlin à cet égard nous donne des renseignements précieux :

« Dans les lois ecclésiastiques de d'Héricourt nous lisons : « l'erreur ou la surprise par rapport à la personne est un empêchement dirimant du mariage et se rencontre quand on croit épouser une personne et qu'on en épouse une autre ; il ne faut pas étendre cet empêchement à la surprise par rapport à la qualité, à la fortune, à la vertu. Cependant le mariage serait nul, comme l'a décidé l'auteur du Supplément de la Somme de saint Thomas, si l'erreur sur la qualité emportait en soi l'erreur par rapport à la personne : « On promet à un prince, Catherine fille aîné d'un roi, héritière de sa couronne. On lui fait ensuite épouser une fille qui porte le même nom que la première qu'on lui avait promise. Le mariage est nul parce que la personne qu'il a consenti à épouser est Catherine fille aînée d'un roi, héritière de la couronne, et non pas une autre Catherine. »

« Cette doctrine est confirmée implicitement par Duperrey auquel d'Héricourt soumit son ouvrage et qui laissa sans observations le passage que nous venons de citer et qui n'est d'ailleurs que la reproduction de la théorie du célèbre Van Espen : « cum error duntaxat versatur circa aliquam qualitatem personæ nullatenus tollit consensum matrimonii » mais il remarque qu'il en est autrement lorsque l'erreur sur la qualité dégénère en erreur sur la personne ; comme lorsque croyant épouser la fille aînée d'un roi, on épouse toute autre femme. »

Pothier dans son traité du contrat de mariage dit : « lorsque l'erreur ne tombe que sur quelques qualités de la personne, cette erreur ne détruit pas le consentement nécessaire pour le mariage et n'empêche pas par conséquent le mariage d'être valable : Par exemple si j'ai éprousé Marie la croyant noble quoiqu'elle soit de la plus base roture, ou la croyant vertueuse quoi qu'elle se fut prostituée, ou la croyant de bonne renommée quoiqu'elle ait été flétrie par justice, dans tous ces cas le mariage que j'ai contracté avec elle ne laissé pas d'être valable nonobstant l'erreur dans laquelle j'ai été a son sujet. »

De tous ces documents, il résulte certainement : que le droit ancien n'admettait pas l'erreur sur les

qualités comme cause de nullité du mariage ; que
cette idée a été souvent reproduite dans les discu-
sions du Conseil d'état ; que M. Régnier qui avait
d'abord proposé d'établir théoriquement le pouvoir
appréciateur des tribunaux, a non seulement aban-
donné cette opinion mais encore a combattu un
système analogue soutenu par M. Tronchet ; que
dans la séance du 24 frimaire an X, la discussion
engagée par le premier Consul était de savoir si
même dans le cas d'erreur sur l'identité civile il fallait,
pour prononcer la nullité du mariage, que l'époux
eût employé des manœuvres frauduleuses : qu'à
cette occasion M. Tronchet a parlé du pouvoir
appréciateur des tribunaux.

Nous ferons observer que le législateur s'est servi
de termes, qui ne font pas pressentir sa volonté
d'innover et qu'il serait singulier de comprendre ces
expressions : erreur dans la personne, comme si le
législateur avait déclaré que l'erreur sur les qualités
de la personne permettrait à l'époux induit en
erreur d'intenter une demande en nullité de
mariage. Aussi sommes-nous d'avis que l'arrêt
solennel de la Cour de cassation rendu le 24 avril
1862, a donné la véritable interprétation de la loi, relativement à la personne civile, en déclarant, qu'un
mariage ne peut être annulé pour erreur dans la
personne qu'au cas d'erreur portant sur l'identité
de la personne de l'un des conjoints, parce que le
conjoint s'est fait agréer en se présentant comme
membre d'une famille qui n'était pas la sienne et

en s'attribuant des conditions d'origine et de filiation qui appartiennent à un autre.

Cette doctrine est elle supérieure à celle que professent MM. Demolombe, Paul Pont, Demante et Marcadé, nous ne le pensons pas, nous voudrions pouvoir adopter, comme étant celle du législateur, l'opinion, qui faisant une distinction entre les qualités substantielles, constitutives de la personne et les autres qualités laisse aux tribunaux le soin d'apprécier cette différence, et qui à cette question quelles sont les qualités substantielles de la personne? répond : « ce sont les qualités qui rendent une personne habile au mariage, et en font une personne mariable. »

Nous reconnaissons la valeur des arguments de considérations qu'on nous oppose ; mais nous soutenons que ce n'est pas un défaut de logique de prétendre que l'erreur sur l'identité civile est autre chose que l'erreur sur une ou plusieurs des qualités civiles et sociales : La qualité civile est indépendante de la personne civile, comme la qualité physique de la personne physique. Le tout et la partie sont deux choses distinctes. On comprend parfaitement que l'erreur sur l'ensemble des qualités qui constituent la personne physique ou civile, soit une cause de nullité du mariage, est que l'erreur sur une ou plusieurs de ces qualités soit sans influence sur la validité du contrat.

Est-il exact de dire que l'erreur sur la personne civile est une erreur sur la qualité de la personne

physique ? nous ne le pensons pas ; en droit, la per
sonne civile est indépendante de la personne physique. Avant la loi de 1854 la mort civile laissait
subsister la personne physique avec toutes ces qualités et anéantissait la personne civile toute entière ;
quand la personne physique n'existe pas encore la
personne civile a dèjà des droits (art. 906); quand
l'être physique n'est plus, l'être civil ne meurt pas
et se confond avec la personnalité civile des héritiers.
La personne physique et la personne civile sont
deux êtres différents, indépendants l'un de l'autre
et la loi n'a voulu prendre en considération que
l'erreur portant sur la personne physique ou sur la
personne civile, c'est-à-dire sur une identité quelconque, et n'accorder aucune influence à l'erreur
sur les qualités. En effet dit Proudhon, l'erreur est
de deux espèces : l'une accidentelle qui porte sur
les qualités, l'autre substantielle qui porte sur la
personne.

Obligé de prendre parti sur cette question si
délicate : De l'influence de l'erreur dans la personne
sur la validité du mariage. Nous résnmerons ainsi
notre opinion.

Attendu que l'erreur sur la personne physique
ne permet pas que le consentement des parties existe
et qu'il n'y a pas de mariage, quand il n'y a pas
consentement (art. 146).

Attendu que dans notre ancien droit l'erreur sur
les qualités de la personne a toujours été considérée

comme étant sans influence sur la validité du mariage,

Attendu que les termes employés par le législateur « Erreur dans la personne » ne manifestent pas son intention d'innover ; qu'il résulte au contraire des discussions du Conseil d'état que les rédacteurs du Code ont dû s'en rapporter à notre ancienne législation.

L'art. 180 ne fait pas allusion au cas d'erreur sur la personne physique mais prévoit seulement l'hypothèse de l'erreur sur l'identité civile.

CHAPITRE VII

D'après l'art. 1110, l'erreur sur la personne annule les contrats lorsque la considération de la personne est la cause principale de la convention.

D'après l'art. 2053 une transaction peut être rescindée lorsqu'il y a erreur dans la personne.

Faut-il voir dans la disposition de ce dernier article une dérogation au principe posé dans l'article 1110? Tous les auteurs s'accordent à répondre non, mais diffèrent sur le motif.

Ce n'est pas une exception a-t-on dit, car dans la transaction la personne est toujours la cause déterminante de la convention.

Ce n'est pas une exception, professent MM. Aubry et Rau, parce que dans la transaction, l'erreur sur la personne se confond avec l'erreur sur la contestation qui forme l'objet de la convention.

Ces deux idées doivent être repoussées; il est inexact de penser que la personne est toujours la cause déterminante de la transaction, il serait plus conforme à la vérité de soutenir que, très-souvent, la considération de la personne avec laquelle on transige, n'a aucune influence sur le consentement des parties. La cause d'une transaction peut être uniquement la crainte du procès. Enfin quelle serait dans ce système, quoiqu'on en ait dit, l'utilité de l'art. 2053 si la personne était toujours en fait la cause déterminante de la transaction?

Est-il plus juste de n'admettre comme hypothèse de l'art. 2053 que le cas où l'erreur sur la personne se confond avec l'erreur sur l'objet, où, prenant pour Pierre le légataire que mon père a institué, un autre Pierre qui n'a aucun droit, je transige avec ce dernier sur la difficulté qui peut résulter de l'interprétation du testament. Il faut remarquer que dans ce cas, ce n'est pas d'une transaction annulable que le législateur aurait dû parler, mais d'une transaction absolument nulle. Il nous semble que l'art. 2053 n'a pas dû prévoir cette hypothèse: « l'art. 2053, dit fort bien M. Accarias, s'applique, non pas au cas où je transige avec Mævius croyant avoir une difficulté qui en réalité existe, non pas avec lui, mais avec Sempronius, mais à l'hypothèse où je transige avec un Mœvius qui est bien mon adversaire; c'est bien avec lui que j'ai une difficulté, mais j'attribue à Mœvius des qualités qu'il n'a pas. »

Ce n'est pas une exception, soutiennent avec raison MM. Accarias, Paul Pont et Mourlon, parce que l'art. 2052 ayant déclaré que la transaction n'était pas rescindable pour cause d'erreur de droit, les rédacteurs du Code ont cru nécessaire de rappeler dans l'article suivant les principes généraux qui règlent les effets de l'erreur sur la validité des contrats.

L'art. 2053 ne parle pas seulement de l'erreur dans la personne, il décide qu'une transaction peut être rescindée lorsqu'il y a erreur sur l'objet de la contestation. Il est important de déterminer l'hypothèse prévue par cette dernière disposition de l'article : Si l'une des parties croit transiger sur la propriété de l'immeuble A, l'autre sur la propriété de l'immeuble B ; ou encore, si l'une des parties entend transiger sur le pétitoire de l'immeuble A, l'autre sur le possessoire, le concours de volonté n'existe pas, le consentement fait défaut ; par conséquent, il n'y a jamais eu de transaction. Ce n'est pas un cas de rescision, c'est un cas de nullité absolue. « Ceci est comparable, dit M. Paul Pont, au cas dont parle Marcadé sur l'art. 1110, quand, en supposant deux personnes dont l'une entend vendre le cheval que l'autre croit louer, ou dont l'une vend son cheval blanc quand l'autre croit acheter son cheval noir, il dit qu'il n'y a eu contrat ni dans l'une ni dans l'autre hypothèse. »

Nous avons vu en effet, la différence que l'on doit, établir entre le vice du consentement et le défaut absolu ou total de l'accord des volontés. Il faut donc rechercher comme prévues par l'art. 2053, des hypothèses dans lesquelles le consentement existe, mais vicié, et remplacer le mot objet par ces mots : substance de l'objet ; car la seconde partie de l'article 2053 ainsi conçu : « la transaction peut être rescindée, quand il y a dol et violence » permet de voir dans cette disposition la répétition des principes établis dans l'art. 1110. Cette observation est analogue à celle que nous avons faite, en cherchant à déterminer le sens qu'il fallait donner à la première partie de l'art. 2053. Par conséquent, l'interprétation la plus exacte, croyons-nous, de cet article est celle-ci : La transaction comme les autres contrats, peut être rescindée quand il y a erreur sur l substance de la chose qui forme l'objet de la tran saction, ou lorsqu'il y a erreur sur la personne quand la considération de la personne est la cause principale de la convention.

Dans les articles qui suivent, le législateur a énuméré des cas où la transaction peut être annulée, non parce qu'il y a défaut de cause ou d'objet, (deux cas de nullité absolue) mais erreur sur la substance de l'objet. Cette théorie est loin d'être acceptée par tous les auteurs : En effet, si MM. Aubry et Rau voient dans les art. 2055. 2056 et 2057, des cas d'annulabilité occasionnés par .l'erreur, l'art. 2054, d'après ces mêmes auteurs prévoit un cas d'annulabilité faute de cause. M. Magnier pense que les art. 2054, 2055, 2056, 2057 ont trait à des hypothèses où des transactions sont nulles par défaut de cause.

L'étude de l'art. 2054 affirmera notre théorie.

Art. 2054. — « Il y a également lieu à l'action en rescision contre une transaction, lorsqu'elle a été faite en exécution d'un titre nul, à moins que les parties n'aient expressément traité sur la nullité.»

Avant d'aborder la discussion même à laquelle donne lieu l'interprétation de cet article, il est utile de fixer le sens du mot *titre*.

Le législateur a entendu par ce mot, non pas l'acte instrumentaire qui sert à prouver, à constater une convention ou une volonté de l'homme; mais cette convention, cette volonté elles-mêmes; « c'est le fait juridique qui engendre la prétention litigieuse, non pas l'écrit qui n'aurait d'autre objet que de constater ce fait. » De telle sorte que la nullité de l'acte instrumentaire, comme le font remarquer MM. Aubry et Rau ne donnerait lieu à l'application de cet article qu'autant que la validité de la disposition ou de la convention serait subordonnée à la validité de l'acte instrumentaire.

Précisons maintenant l'hypothèse de l'art. 2054.

Le titre, en exécution duquel a lieu la transaction, est nul ou annulable (le mot nul doit s'entendre ici in lato sensu). Si les parties ont traité expressément sur la nullité du titre, le contrat est inattaquable, dans le cas contraire les parties sont présumées ne pas avoir connu la nullité du titre, et la personne qui aurait eu intérêt à connaître cette nullité peut demander la rescision de la transaction. Par exemple : Paul héritier légitime de Jean transige avec Pierre sur l'étendue et le mode d'exécution d'un legs contenu dans un testament olographe qui ne porte pas de signature.

De deux choses l'une ; ou Pierre et Paul ont dé-

claré expressément qu'ils transigeaient sur la ques
tion de savoir si le testament non signé était nul,
le contrat est alors inattaquable; ou la transaction
ne contient aucune clause relative à la nullité du
testament, dans ce second cas Paul qui est présumé
ne pas avoir eu connaissance de la nullité du testament n'est-il pas autorisé à dire : Je reconnais que
la transaction a une cause, c'est par crainte d'un
procès que j'ai transigé, pour Pierre et pour moi il
y a eu doute; notre transaction ne manque pas
d'objet, c'est à l'occasion d'un legs contenu dans le
testament de mon auteur qu'est intervenu notre
contrat. Nos volontés se sont rencontrées, il y a eu
consentement. Mais je soutiens que le consentement est vicié par l'ignorance où j'étais de la nullité
de ce titre. Il y a erreur de ma part, erreur sur une
circonstance tellement décisive, que je n'aurais certes pas transigé si je l'avais connue. Je croyais
le testament valable, il était nul; ni Pierre ni moi
n'avons expressément traité sur cette nullité. J'invoque l'art. 2054 pour demander la rescision de la
transaction.

Ce raisonnement nous paraît fort juste et nous
admettrons la prétention de Paul si son erreur est
une erreur de fait, car la transaction ne peut être
attaquée pour cause d'erreur de droit (art. 2052).
En effet d'après la majorité des auteurs et la jurisprudence, l'art. 2052 pose un principe général qui
doit être respecté, à moins d'exception spécialement
déterminée : *L'erreur de droit est sans influence*

sur la validité de la transaction. Nous ne trouvons dans l'art. 2054 aucune assertion qui nous autorise à modifier la règle générale, nous devons donc chercher à combiner l'art. 2054 avec l'art. 2052, ce qui d'ailleurs est sans difficulté. Voici le sens de l'article 2054 ; la transaction peut être rescindée quand, par suite d'une erreur de fait et non de droit, on ignore la nullité d'un acte en exécution duquel a été consentie la transaction.

Par exemple : Paul, héritier légitime, transige avec Pierre sur l'étendue et le mode d'exécution d'un testament olographe non daté. Paul a eu le testament entre les mains, il sait qu'il n'est pas daté mais il ignore que c'est là une cause de nullité. Pourra-t-il invoquer cette erreur pour demander la nullité de la transaction? Non certes. Autrement nous aurions un exemple de rescision de transaction obtenue par suite d'une erreur de droit.

Mais si Paul, plein de confiance dans les renseignements qu'on lui a donnés, transige sans avoir vu le testament, la décision est différente. Il invoque une erreur de fait pour demander la rescision de la transaction, il devra être écouté.

Merlin n'admet pas cette manière d'expliquer l'art. 2054. Pourquoi, dit cet éminent jurisconsulte, l'art. 2054 permet-il de rescinder la transaction faite en exécution d'un titre nul quand il n'a pas été expressément traité sur la nullité ?

C'est « parce que supposer par une transaction un titre valable, ce n'est pas le reconnaître tel par la transaction même, et qu'une transaction ne peut jamais s'étendre à des objets sur lesquels ne portaient pas les différends des parties. » D'accord. « Mais, continue Merlin, ce motif est-il restreint au cas où le titre nul, en exécution duquel on a transigé, a été supposé valable par une erreur de fait? Non. Et qu'on ne vienne pas opposer l'art. 2052 à notre art. 2054. Celui-ci est aussi général que celui-là. De plus si nous lisons d'un seul contexte les articles 2052, 2053, 2054, il nous sera bien difficile de ne pas demeurer convaincu que l'article 2054 comme l'art. 2053 est une exception à l'art. 2052. L'art. 2052 commence par établir que les transactions ne peuvent être attaquées pour cause d'erreur de droit. L'art. 2053 ajoute « *néanmoins* une transaction peut-être rescindée lorsqu'il y a erreur dans la personne ou sur l'objet de la contestation. L'art. 2050 continue, « *il y a également lieu*, etc. »

On peut répondre : L'art. 2053 ne contient pas une exception à l'art. 2052. Il n'a pas pour but de décider que l'erreur de droit est une cause de rescision de la transaction quand elle porte sur la personne ou sur l'objet ; il rappelle simplement les principes généraux qui règlent les effets de l'erreur sur la validité des contrats. Et c'est avec raison que M. Accarias dit : « Le mot néanmoins ne marque qu'une antithèse. Aux deux causes qui ne font pas rescinder la transaction, le législateur oppose quatre autres causes qui en autorisent la rescision. »

Comme dernier argument en faveur de son système Merlin fait valoir cette considération : Dans sa première rédaction, arrêtée par le Conseil d'Etat l'art. 2054 ne parlait pas d'erreur de droit. Il était aussi conçu : « Les transactions ont entre les parties, l'autorité de la chose jugée en dernier ressort. Elles ne peuvent être attaquées pour cause d'erreur dans *la nature du droit litigieux* ni pour cause de lésion. » « La première rédaction aurait laissé à l'art. 2054 un sens indéfini qu'il a dû garder malgré le changement d'expression. » En admettant, ce qui d'ailleurs n'est pas exact, que les rédacteurs du Code en changeant l'expression « erreur sur la nature du droit litigieux » par celle-ci « erreur sur le droit » aient eu l'intention de restreindre le sens de l'art. 2052, nous ne comprendrions pas que cette modification fût sans influence sur l'art. 2054. Mais si l'on a corrigé l'art. 2052 ce n'est pas pour le restreindre c'est pour le rendre plus clair. « La section de législation, lisons-nous dans les travaux préparatoires, propose de substituer à ces mots : « Pour cause d'erreur dans la nature du droit litigieux » ceux-ci « pour cause d'erreur de droit. L'expression du projet a paru trop abstraite et susceptible d'interprétations propres à faire naitre des difficultés sérieuses sur l'étendue et les limites de son application. L'expression qu'on a proposé de substituer a été trouvé plus satisfaisante en ce qu'elle est généralement usitée et que l'ancienneté de l'usage a fixé les idées sur son véritable sens. »

Nous maintenons donc notre distinction et pour résumer notre système, nous ne pouvons mieux faire que de citer les paroles de M. le procureur général Daniels : « L'art. 2054 doit être pris dans un sens dans lequel il s'accorde avec l'art. 2052. Or l'article 2052 déclare que la transaction ne peut être attaquée pour cause d'erreur de droit. L'art. 2054 suppose par conséquent, que celui qui a demandé la rescision d'une transaction, a ignoré la nullité du titre par une erreur de fait ; c'est alors que sa demande est fondée, à moins qu'il n'ait expressément transigé sur la nullité.

«Tel est le sens véritable de l'art. 2054. Autrement il serait en opposition avec l'art. 2052. »

En conséquence, le 25 mars 1807 la Cour de cassation rendit un arrêt conforme à ces conclusions : « Attendu qu'aux termes de l'art. 2052, Code civ., les transactions ont entre les parties l'autorité de la chose jugée en dernier ressort et qu'elle ne peuvent être attaquées pour cause d'erreur de droit ni pour cause de lésion. — Que l'erreur invoquée par les demandeurs et qui vicient la transaction est une erreur de droit. — Que conséquemment ils étaient mal fondés et non recevables à en demander la nullité. — Qu'en rejetant cette demande l'arrêt attaqué a fait une juste application du Code civil. Rejette. (Voir encore les arrêts 28 Décembre 1829 et 14 novembre 1838. (Dalloz 30. 1. 68, 39. 1. 19).

Certains auteurs prétendent que l'art. 2054 n'a aucun rapport avec l'art. 2052 et soutiennent que la transaction faite en exécution d'un titre nul manque de cause.

La transaction d'après l'art. 2054, disent MM. Aubry et Rau, est annulable pour défaut de cause.

L'art. 2054 prévoit, non pas un cas où la transaction est annulable par suite d'erreur, mais nulle faute de cause, professe M. Mugnier. Ce dernier auteur, après avoir recherché dans quelle mesure la théorie générale des contrats devait être appliquée à la matière de la transaction, après avoir constaté que dans la transaction l'erreur sur la personne se confond avec l'erreur sur l'objet, que les principes les plus certains ne permettent pas de voir dans cette erreur un cas de rescision, une application des art. 1110 et 1304, conclut en ces termes : « Le consentement, dans l'hypothèse de l'art. 2054, n'est pas seulement vicié, il n'existe pas, le vice du contrat c'est le défaut de cause. Il ne faut pas prendre les termes de la loi à la lettre, il faut être raisonnable et penser qu'il y a erreur de style. Le Code veut parler des cas où la transaction est absolument nulle. » Laissons MM. Aubry et Rau répondre : « La transaction est annulable pour défaut de cause quand elle a été faite en exécution d'un titre nul. En pure théorie la transaction devrait en pareil cas être considérée comme non avenue (article 1131). Mais l'art. 2054 ne la considère que comme simplement annulable puisqu'il donne pour l'attaquer une action en nullité. » En effet il nous semble difficile de tenir si peu compte du texte de la loi ; nous estimons que, dans les art. 2054 et suivants, le législateur n'a voulu parler que de transactions rescindables.

Pour prouver que les art. 2054 et suivants manquent de cause, M. Mugnier cite ce passage de Pothier : Si, croyant faussement vous devoir une somme de 10,000 livres qui vous avait été léguée par le testament de mon père, mais qui a été révoqué par un codicile dont je n'avais pas connaissance, je me suis engagé de vous donner un certain héritage en paiement de cette somme, ce contrat est nul ; parceque la cause de mon engagement qui était l'acquittement de cette dette est une cause qui s'est trouvée fausse. »

Mais remarquons que Pothier dit que le payement n'a pas de cause, et qu'il ne parle pas de la transaction. On ne peut établir une analogie entre la cause du payement et la cause de la transaction : la cause du payement c'est la préexistence d'une dette; la cause de la transaction c'est la crainte plus ou moins fondée d'un procès.

Nous trouvons singulière cette distinction de M. Mugnier : transigeant sur l'exécution d'un testament authentique, j'ignore que cet acte est nul parce que un des témoins était incapable. Je puis attaquer la transaction que j'ai consentie parce qu'elle manque de cause. Mais si, ayant eu entre les mains un testament olographe, je transige sur l'exécution de ce testament nul, parce qu'il n'est pas signé. Je ne peux demander la rescision de la transaction, car je ne peux invoquer que mon erreur de droit. « Nous répondrons avec MM. Aubry et Rau. « Quand la transaction est rescindable pour défaut de cause, il importe peu que les parties aient ou non, connu la nullité du titre et bien moins encore qu'elles l'aient supposé valable par erreur de fait ou de droit. »

Dire que la transaction manque de cause lorsqu'elle est faite en exécution d'un titre nul n'est-ce pas implicitement faire comprendre que la détermination du caractère litigieux du droit n'appartient pas aux parties mais à la loi ou aux juges. Mais s'il en était ainsi, l'erreur de droit devrait être toujours une cause de rescision des transactions, et il serait impossible de transiger sur un procès terminé par un jugement non susceptible d'appel et dont les parties ont connaissance.

Pour nous, le droit litigieux n'est autre chose que la prétention faisant actuellement l'objet d'un procès, ou inspirant la crainte réelle d'un procès raisonnable. Du moment que la crainte du procès a existé, la transaction a une cause. Tout contrat a une cause, dit le tribun Gillet, celle de la transaction c'est la crainte du procès.

Des modifications apportées à la rédaction primitive des art. 2055 et 2056 précisent encore davantage l'intention du législateur. — L'art. 12 du projet (art. 2055), était ainsi conçu : la transaction faite sur des pièces fausses est entièrement nulle. Si cette rédaction avait été maintenue on pourrait dire :

c'est le défaut de cause qui entraîne la rescision de la transaction. Mais M. Jollivet a demandé que la nullité prononcée par l'art. 12 n'eut lieu que dans le cas où les pièces ont été reconnues fausses depuis la transaction. De telle sorte que c'est l'ignorance dans laquelle se trouvaient les parties, l'erreur, qui motive la rescision. Toute transaction faite sur pièces actuellement reconnues fausses sera valable.

D'après l'art. 13 du projet (art. 2056), pour qu'une transaction, faite sur un procès déjà terminé, même à l'insu des parties par un jugement, fût valable, il fallait que ce jugement fût susceptible d'être attaqué par la voie de l'appel.

Sur les observations de M. Berlier on modifia la rédaction de l'art. 13 et l'on mit : « La transaction sur un procès terminé par un jugement passé en force de chose jugée, dont les parties ou l'une d'elles n'avaient pas connaissance, est nulle ; si le jugement ignoré des parties était susceptible d'appel, la transaction sera valable. » Ici c'est encore l'ignorance, l'erreur, qui, prise en considération, devient la cause de la rescision de la transaction.

Dans l'art. 2054, c'est encore la présomption d'ignorance, l'erreur, qui est la cause de la rescision de la transaction. Les parties qui ont transigé sur l'exécution d'un titre nul et qui n'ont pas précisément traité sur cette nullité sont présumeés ne pas avoir connu cette nullité, ne pas avoir donné un consentement suffisamment éclairé. Telle est la véritable pensée du législateur.

Nous estimons donc que dans l'art. 2054 et suivants la cause de l'action en nullité n'est autre que l'erreur sur une qualité substantielle de l'objet de la transaction. Il est loisible aux parties qui ont la crainte réelle d'un procès, qui doutent de l'efficacité de leurs droits, de transiger sur l'exécution d'un titre dont elles connaissent la nullité, sur des pièces qu'elles savent fausses, sur un jugement passé en force de chose jugée dont elles n'ignorent pas l'existence. Mais si les parties croyaient le titre valable, les pièces inattaquables et le jugement susceptible d'appel, le législateur a permis aux parties qui n'auraient très-probablement pas traité, si elles avaient été suffisamment instruites, de demander la rescision de la transaction, attendu qu'elles n'ont pas donné leur consentement en connaissance de cause.

CHAPITRE VIII

ERREUR SUR LA NATURE, L'OBJET, LA CAUSE ET LES MOTIFS DU CONTRAT

Nous devons maintenant déterminer les cas où l'erreur, affectant une des conditions essentielles à l'existence du contrat, ne permet pas à la convention de se former.

Erreur sur la nature du contrat. — Paul croit vendre à Pierre une chose que celui-ci accepte comme donataire. Les deux parties ne s'étant pas entendues sur le contrat qu'elles voulaient former, rien n'est fait, il n'y a ni vente ni donation, par quelles raisons pourrait-on préférer l'une à l'autre ? « Le consentement doit intervenir sur la vente, dit Pothier, (n° 37, contrat de vente), c'est-à-dire que l'un doit vouloir vendre et l'autre vouloir acheter ; mais si l'un voulait vendre à l'autre une certaine maison pour un certain prix et que l'autre comptât la prendre seulement à loyer pour ladite somme, il n'y aurait en ce cas ni vente, ni louage, n'y ayant pas consentement. »

Erreur sur l'identité de l'objet. — Je sais que je dois vous transférer la propriété d'une chose moyennant un prix déterminé que vous vous êtes engagé à me payer, mais j'ai considéré, comme objet de mon obligation, la transmission de la propriété de l'immeuble B. et si vous avez consenti à me compter un certain prix, c'est dans la pensée que je devais vous transférer la propriété de l'immeuble A. Dans cette hypothèse comme dans la précédente, le contrat est absolument nul. En effet, est il possible de me contraindre à transférer la propriété de l'immeuble A. que je n'ai pas voulu vendre, et pe t-on vous forcer à payer, pour acquérir un immeuble dont vous n'avez pas voulu devenir propriétaire ?

Erreur sur la cause et sur les motifs. — La cause est le but immédiat que veut atteindre la partie qui s'oblige. Dans les contrats synallagmatiques, l'objet de l'obligation de chacune des parties se confond donc avec la cause de l'obligation de l'autre. « La théorie de la cause en ce qui concerne les contrats synallagmatiques disent MM. Aubry et Rau, se rattache d'une manière intime à celle de l'objet ; quand il s'agit de l'objet des conventions, on envisage en elle-même et isolément la prestation due par chacune des parties, quand on s'occupe de la cause, on apprécie la prestation respectivement due par les contractants en les opposant l'une à l'autre. » Paul ne consent à payer tel prix que parce qu'il recevra comme équivalent la propriété de tel immeuble déterminé, et Pierre ne s'est engagé à transférer la propriété de cet immeuble à Paul que parce qu'il considère, comme équivalent des droits qu'il aliène, le prix qu'il va toucher. La cause est donc essentielle à l'existence du contrat, et l'erreur sur la cause rend la convention absolument nulle.

Si l'acheteur est déjà propriétaire de la chose qu'il veut acquérir, le contrat de vente sera nul pour deux raisons : l'acheteur ne pouvant pas acquérir une chose dont il était déjà propriétaire, et le vendeur étant incapable de lui transférer un droit qu'il n'avait pas. L'erreur ici porte encore sur la cause de l'obligation de l'acheteur, et empêche le contrat de se former.

L'objet de l'obligation du vendeur est, dans notre droit, le transfert de la propriété de la chose vendue ; si donc le vendeur n'est pas propriétaire de l'immeuble que je veux acheter, mon obligation de payer le prix manque de cause et le contrat est absolument nul. « Il faut non-seulement que la chose vendue existe, dit le tribun Favre, il faut de plus en avoir la propriété. La vente d'un objet quelconque est déclaré nul par la nouvelle loi dans le cas où il appartient à tout autre qu'au vendeur. Point de distinction si le contrat porte ou non que c'est la chose d'autrui. Le motif de la nouvelle loi est qu'on ne doit pas avoir le droit de vendre une chose, quand on n'a pas celui d'en transmettre la propriété. La transmission de la propriété est l'objet de la vente.

Il est important de ne pas confondre la cause avec les motifs. L'erreur sur les motifs est sans influence sur la validité des contrats, tandis que l'erreur sur la cause ne permet pas au contrat de se former.

Art. 1131. — « L'obligation sans cause ou sur une fausse cause, ou sur une cause illicite ne peut avoir aucun effet. »

Mais nous dirons avec M. Colmet de Santerre que lorsque la loi considère l'obligation sur fausse cause comme une obligation sans cause, il faut bien faire attention qu'elle traite du cas où la cause étant reconnue fausse, il n'est pas possible d'en trouver une autre. L'art. 1131 n'a pas pour but de prévenir la simulation, l'hypothèse à laquelle il fait allusion est celle que nous cite Pothier n° 42 de son *Traité des obligations* : « Lorsqu'un engagement n'a aucune cause, ou ce qui est la même chose, lorsque la cause pour laquelle il a été contracté est une cause fausse, l'engagement est nul et le contrat qui le renferme est nul. Par exemple : si croyant vous devoir une somme de dix mille livres qui vous avait été léguée par le testament de mon père, mais qui a été révoqué par un codicile dont je n'avais pas connaissance ; je me suis engagé de vous donner un certain héritage en paiement de cette somme, le contrat est nul parceque la cause de mon engagement qui était l'acquittement de cette dette, est une cause qui s'est trouvée fausse. »

Les motifs, avons-nous dit, n'annulent pas le contrat, car ils ne font pas partie des conditions essentielles à la validité des conventions ; ce sont des considérations intimes qui nous déterminent à contracter. Pline, le jeune, dans une de ses lettres, entretient Calvisius Rufus des raisons qui l'invitent à acheter : « In his me multa sollicitant; sollicitat primum ipsa pulchritudo jungendi. Inest huic computationi sumptus supellectilis, sumptus atriensium, topiariorum, fabrorum, atque etiam venatorii instrumenti; quæ plurimum refert, unum in locum conferas an in diversa dispergas. » autant de motifs du contrat de vente.

Entre la cause et le motif, existe cette différence essentielle que dans tous les contrats de même nature les causes sont les mêmes, tandis que les motifs peuvent varier à l'infini. Dans tous les emprunts la cause de mon obligation de rendre est le fait même de m'avoir prêté, mais pour quelles raisons ai-je emprunté? Autant d'individus autant de motifs différents. M. Colmet de Santerre fait comprendre par deux heureuses expressions la différence qu'on doit établir entre la cause et le motif. La cause, c'est le *cur promisit*; le motif, c'est le *cur contraxit*.

CHAPITRE IX

Lorsque l'erreur portant sur la nature, l'objet ou la cause de la convention, empêche le consentement de se former, le contrat est nul. Quand au contraire, l'erreur tombant sur la substance de l'objet du contrat, ou sur la personne avec laquelle on contracte, ne fait que vicier le consentement, le contrat est annulable.

Rechercher l'intérêt qu'il y a à distinguer ces deux effets de l'erreur n'est autre chose que déterminer les différences qui existent entre les actes nuls et les actes annulables. L'acte nul est celui qui n'a pas d'existence juridique. L'acte annulable est celui qui ne manque d'aucun élément essentiel à sa formation, mais dont l'existence est viciée. C'est aux actes annulables seuls que fait allusion l'art. 1304 dont l'explication servira à établir que l'acte annulable est seul susceptible de ratification, et que l'action en nullité ou en rescision est temporaire et relative, tandis que l'action en nullité proprement dite est perpétuelle et absolue.

Art. 1304. — « Dans tous les cas où l'action en

nullité ou en rescision d'une convention n'est pas limitée à un moindre temps par une loi particulière, cette action dure dix ans. — Ce temps court, dans le cas d'erreur, du jour où elle a été découverte.

Observations historiques. — Dans l'ancien droit il était utile de distinguer l'action en nullité de l'action en rescision. Ces deux actions différaient dans leur cause, leur procédure et leur durée.

Dans leur cause : par l'action en nullité on demandait l'annulation d'une obligation dont la nullité était déclarée, soit par une ordonnance, soit par la coutume.

Par l'action en rescision, on demandait la rescision d'une obligation qui sans être nulle d'après les dispositions formelles du droit, était susceptible de rétractation comme violant les principes généraux du droit et de l'équité. Telle était l'obligation entachée d'erreur.

Dans leur procédure. — L'action en nullité se portait directement vers le tribunal compétent, tandis qu'avant d'intenter l'action en rescision il fallait obtenir des lettres de chancellerie qu'on appelait lettres de rescision. Ces lettres, selon l'expression de M. Larombière, étaient une simple carte d'admission de l'action, elles ne contenaient que l'exposé des faits sans appréciation et ne préjugeaient en rien la question juridique, les juges royaux auxquels elles étaient adressées conservaient toute leur liberté de jugement.

De cette nécessité d'obtenir des lettres de resci-

sion résulte cette maxime de Loysel « Voies de nul-
» lité n'ont pas de lieu » à l'occasion de laquelle
Laurière fait cette remarque : Les voies de nullité
sont ici les exceptions de nullité, lesquelles ne peuvent point être opposées contre tout ce qui est nul,
suivant le droit romain. De sorte qu'il faut se pour-
voir contre les nullités ou par appel si ce sont des
sentences, ou en obtenant des lettres du prince
pour faire casser et rescinder les actes... Mais quand
il est question de nullités qui sont déclarées par les
ordonnances et les coutumes, les voies ou accep-
tions de nullités ont lieu sans lettre du prince. »

Cette différence de procédure cessa avec les chan-
celleries qui furent supprimées par la loi du 7 sep-
tembre 1790. Depuis cette époque les actions en
rescision comme les actions en nullité furent por-
tées directement devant les juges compétents.

Dans leur durée. Jusqu'a Louis XII l'action en
rescision comme l'action en nullité dura trente ans,
mais l'art. 46 d'une ordonnance que Louis XII rendit à Lyon au mois de juin de l'année 1750 décida
que l'action en rescision ne durerait que dix ans.

Aujourd'hui l'action en nullité comme l'action en
rescision dure dix ans.

Existe-t-il encore un intérêt quelconque à distinguer ces deux actions l'une de l'autre? Assurément non. Le législateur emploie tour a tour les mots
rescision et nullité dans un sens identique.

Art. 877. Les partages peuvent être *rescindés* pour
pour cause *de violence* ou de *dol.*

Art. 1111 *la violence* exercée contre celui qui a contracté l'obligation est une *cause de nullité.*

Art. 1116 *le dol* est une cause *de nullité* de la convention et.....

L'art 1117 confond les deux termes : La convention contractée par erreur, violence ou dol n'est point nulle de plein droit, elle donne seulement lieu à une *action en nullité ou en rescision.*

Enfin le titre même de la section prouve qu'il n'existe pas une action en nullité et une action en rescision mais une seule action en nullité ou en rescision : *Section VII. De l'action en nullité ou en rescision des conveutions.*

« Il est seulement un cas particulier, dit Marcadé, celui de lésion pour lequel la loi n'emploie jamais l'expression de *nullité* et se sert exclusivement des mots *rescision ou restitution* (art. 1305, 1306, 1313, C. civ.). Quoique le législateur ne paraisse pas avoir attaché d'importance à cette distinction... il peut être plus commode d'employer distinctement le mot de nullité pour le cas où l'acte se trouve vicieux en lui-même et celui de rescision pour le cas où cet acte, parfaitement régulier d'ailleurs, ne peut être critiqué que parce qu'il se trouve préjudiciable à celui qui s'en plaint. »

« Cette action en nullité, d'après les termes mêmes du tribun Jaubert qui, dans son rapport au tribunat donne un excellent commentaire de l'art. 1394, ne s'applique qu'aux cas où la convention peut produire une action qui néanmoins est susceptible d'être repoussée par une exception c'est-à-dire aux cas d'incapacité, au défaut du consentement.

« Ce secours que la loi accorde a ceux dont le consentement n'a pas été libre, continue le tribun Jaubert, doit être invoqué dans un délai fixe. Un laps de temps sans réclamation doit faire présumer la ratification. Dans tous les cas ou l'action en nullité ou en rescision d'une convention n'est pas limitée à un moindre temps par une loi particulière, cette action dure dix ans. Les dix ans doivent être utiles, aussi ce temps ne court dans le cas d'erreur que du jour où elle a été découverte. »

Ainsi l'action en nullité ou en rescision est temporaire. En peut-il être de même de l'action en nullité proprement dite? Evidemment non. La nullité est perpétuelle, et cette différence trouve sa raison d'être dans la nature des choses. Un contrat est nul parceque les parties ne se sont pas entendues sur sa nature; l'une croyait louer, l'autre pensait acheter. Le temps peut-il faire que leurs volontés se soient rencontrées, qu'il y ait eu consentement, que ce contrat nul devienne un jour un contrat de vente ou un contrat de louage. Il n'y pas eu de consentement, il n'y a rien de fait. Si a l'occasion de cet acte nul, certains effets peuvent se produire, leur raison d'être se trouve dans une circonstance particulière. Par exemple : Paul croit vendre à Pierre l'immeuble A, Paul croit au contraire devenir propriétaire de l'immeuble B., par suite de cette erreur Pierre se met en possession de l'immeuble B., si cette posses-

sion sans violence, précarité ni clandestinité dure
trente ans, Paul ne pourra plus reprendre l'immeuble B. non parceque le contrat de vente nul est
maintenant validé, mais parceque Pierre sera en
droit d'opposer à Paul la prescription, de telle sorte
que si la possession avait pendant trente ans passé
en des mains différentes et que personne ne pût opposer à Paul la prescription, il triompherait s'il
revendiquait l'immeuble B. dont il est propriétaire.

Le contrat annulable, avons-nous dit, ne manque d'aucun élément essentiel à sa formation, il
est, mais entaché de certains vices qui permettent
de demander sa rescision. Cette faculté dure dix
ans, et le point de départ de ce délai change avec
les causes de rescision. Il nous suffit de savoir que
dans le cas d'erreur le délai ne commence à courir
que du jour où l'erreur a été découverte. Ainsi,
j'achète une bague que je crois ornée de diamants
véritables ; ces diamants sont faux. Je reste quinze
ans sans m'apercevoir de mon erreur, j'ai, à partir
de ce moment, dix ans pour intenter mon action
en nullité ou en rescision. Mais ai-je encore le
droit d'agir lorsqu'il y a plus de trente ans que le
contrat est passé et moins de dix ans que l'erreur
est connue ?

L'action en nullité, dit Marcadé, n'est plus rece-
vable au bout de trente ans à partir de l'acte attaqué, quand même le délai de dix ans à partir de la
découverte *du dol*, ne serait pas encore expiré ; la

règle spéciale de l'art 1304 ne fait pas exception à la règle générale de l'art 2262.

M. Larombière soutient, au contraire, que l'art. 2262 ne peut pas être valablement invoqué contre l'art. 1304, qui est fondé sur une idée de ratification, impossible à concevoir, si le vice qui entache le contrat est inconnu. En faveur de cette opinion, on peut encore faire valoir les considérations suivantes : l'art 2262 pose un principe auquel l'art 1304 fait exception. D'ailleurs, si la prescription de trente ans, empêche d'agir la personne qui n'a pas encore découvert l'erreur qu'elle a commise, *contra non valentem agerecurrit præscriptio*, et le principe est contraire.

Enfin, peut-on dire, l'article 2264 rend très-probable cette opinion, en déclarant que les règles de la prescription sur d'autres objets que ceux mentionnés dans le présent titre, sont expliquées dans les titres qui leur sont propres.

MM. Aubry et Rau répondent avec raison : Ce serait aller directement contre l'esprit qui a dicté les dispositions spéciales de l'art. 1304, que d'écarter d'une manière absolue en matière d'action en nullité ou en rescision, l'application de la prescription générale établie par l'art. 2262.

« En limitant à dix ans le délai pendant lequel ces actions peuvent être utilement intentées, le législateur a clairement manifesté qu'à ses yeux elles méritaient moins de faveur que les actions ordinaires qui se prescrivent par trente ans. Et si pour tempérer les conséquences de cette rédaction, il a cru devoir, exceptionnellement, fixer le point de départ de la prescription de dix ans au moment de la découverte de l'erreur ou du dol, cela n'autorise pas à supposer qu'il ait voulu soustraire les actions dont il s'agit, à la prescription de trente ans. »

Cette opinion a été sanctionnée le 22 juillet 1853, par un arrêt de la Cour de Paris, confirmant un jugement d'après lequel toutes les actions se prescrivent par trente ans ; l'action en nullité pour cause de dol est elle-même soumise non-seulement à la prescription de dix ans, établie par l'art 1304 du C. civ., et courant à partir de la découverte du dol, mais aussi à la prescription trentenaire (art. 2262, C. civ.).

Une question qui n'est pas moins controversée que la précédente est celle de savoir si le délai de dix ans est un délai préfix ou une prescription véritable. La question est importante ; le délai de dix ans accordé pour intenter l'action en nullité ou en rescision, étant une prescription, se trouve suspendu même par l'interdiction ou la minorité de l'héritier de celui qui a fait l'acte, C'est ce que refuse d'admettre Toullier : « Les héritiers ont pour intenter leur action le même temps qui restait au défunt au moment de son décès.

« Mais ce temps est-il suspendu si les héritiers sont mineurs ou interdits au moment où le défunt est décédé ? Les dix ans ou ce qui en reste, ne commen-

ceraient-ils à courir que du jour de leur majorité
ou de la levée de leur interdiction? Ce n'est qu'à
l'égard des actes faits par les mineurs ou par les
interdits, et non à l'égard des actes faits par ceux
auxquels ils succèdent, que l'art. 1304 ordonne que
le temps ne courra que du jour de la majorité ou de
la levée de l'interdiction. — De plus, l'art 1676
porte, expressément, que le délai pour la rescision
court contre les absents, les interdits et les mineurs venant du chef d'un majeur. C'est par a for-
tiori qu'il faut appliquer cette décision au cas d'er
reur. »

L'argument tiré de l'art. 1676, n'est pas sans réplique : La matière de la lésion est une matière
toute spéciale, et l'exception de l'art. 1676, confirme la règle pour tous les cas non exceptés. Et
Marcadé fait cette juste observation : si le code a
voulu réduire l'ancienne durée de l'action, il l'a de
beaucoup réduite, en effet, puisque les causes qui
pourraient désormais suspendre le cours des dix
ans, suspendaient également autrefois le cours des
trente ans. Le délai est donc, quoi qu'on en dise,
trois fois moindre qu'il n'était. »

D'après l'art. 2264, déjà cité, les règles de la
prescription, sur d'autres objets que ceux mentionnés dans le présent titre, sont expliquées dans
les titres qui leur sont propres. Or, dira-t-on, l'article 1304 est relatif à une matière spéciale et il
ne reconnaît comme cause de suspension de l'action en nullité, que la minorité ou l'interdiction

de celui qui a fait l'acte qui peut être attaqué.
Doit-on tirer de là cette conclusion : L'art. 1304
excepte les autres causes de suspension? Nous ne
le pensons pas, et nous croyons avec M. Larombière que la rédaction de l'art. 1304, par son insuf-
fisance même, appelle plutôt qu'elle n'exclut l'application des principes généraux consacrés au titre
de la prescription.

Enfin, dans un arrêt de la Cour de Nîmes du
20 juin 1839, nous lisons cette observation sur
l'interprétation restrictive de l'art. 1304 : « L'interprétation restrictive que l'on veut donner à l'article 1304 amènerait un résultat absurde : Si un
mineur de quinze ans a fait un acte rescindable,
il aura pour l'attaquer un délai de seize ans, à partir de la date de la convention et cependant de
quinze à vingt et un ans, il peut être dans un état
d'intelligence capable de lui faire apercevoir le vice
de son contrat. Si l'acte, au contraire, émane d'un
majeur décédé quelques jours après, laissant un
enfant au berceau, cet enfant n'aura que dix ans
pour attaquer cet acte? »

L'action en nullité ou en rescision est relative,
c'est-à-dire que celui-là seul en faveur de qui elle
a été introduite peut l'intenter.

Par exemple : J'achète un tableau que je pense
être un original de Rubens, que vous me vendez
sachant fort bien que c'est une copie, mais ignorant mon intention d'acquérir un Rubens. Je découvre mon erreur. L'art 110 m'autorise à de-

mander la nullité du contrat, a répéter le prix que j'ai payé, et à vous rendre le tableau que j'ai acheté, mais vous, vendeur, instruit de mon intention d'avoir un original de Rubens, vous ne sauriez m'obliger à vous rendre le tableau en m'offrant de me restituer le prix. Si, malgré mon erreur, je veux respecter le contrat, personne ne peut l'attaquer. La nullité du contrat est relative, c'est dans l'intérêt seul de la personne trompée qu'a été introduite l'action en nullité, elle seule peut en profiter.

Au contraire, l'erreur des parties porte sur l'identité de l'objet : Deux immeubles du même nom, mais situés l'un à Paris, l'autre à Lyon, appartiennent à Paul, qui croit vendre à Pierre sa maison de Paris, tandis que celui-ci croit acheter la maison de Lyon. Cet acte de vente est nul. La nullité est absolue, en ce sens que non seulement les contractants, mais toutes les personnes intéressées, pourront se prévaloir de la nullité de cette vente. Si Pierre se met en possession de l'immeuble de Lyon, Paul a le droit de l'en expulser, il n'a pas cesser d'en être propriétaire. Pierre a le droit de réclamer son prix, si Paul veut lui livrer l'immeuble de Paris dont il n'a pas voulu acquérir la propriété. Bien plus, si un tiers, Jean, se met en possession de l'immeuble de Lyon, et que Pierre, dans la croyance qu'il est propriétaire intente contre lui un procès en revendication. Jean pourra répondre : L'acte de vente que vous avez voulu former et que vous m'opposez est nul. Vous n'êtes pas propriétaire, vous n'avez pas le droit de faire un procès interruptif de prescription, et malgré l'action en revendication de Pierre, Jean continuera à prescrire.

Mais si Pierre et Paul, d'accord sur l'objet du contrat de vente, l'erreur de Pierre porte sur la substance de la chose, Jean, tiers possesseur, ne pourra pas invoquer, comme cause de nullité du contrat, l'erreur de Pierre. Ce dernier lui dira : Le contrat de vente que j'ai consenti avec Paul existe, Paul a voulu me transférer la propriété de tel immeuble déterminé que j'ai voulu acquérir, je suis propriétaire. Ayant été dans l'erreur sur la substance de la chose, la loi m'autorise à demander la rescision du contrat, c'est un droit que je puis ou non exercer, cela ne vous regarde nullement. Propriétaire véritable de l'immeuble que vous possédez, j'ai par mon action en revendication interrompu votre prescription.

L'acte annulable seul est susceptible de ratification. — Il est impossible en effet de ratifier le néant. Après la découverte de l'erreur, cette ratification peut se faire de deux manières : expressément ou tacitement.

Nous avons vu que la ratification tacite était le fondement de la prescription de dix ans, à laquelle est soumise l'action en nullité.

Quand un contrat est frappé d'une nullité absolue, les parties mieux éclairées peuvent faire un contrat nouveau, mais sont incapables de donner quelque force au contrat primitivement nul. En conséquence, s'il s'agit de la vente d'un immeuble, les droits réels consentis par la partie qui se croyait propriétaire n'affectent pas l'immeuble resté la propriété du vendeur qui a pu valablement le grever d'hypothèques. La ratification, au contraire, valide tous les droits réels consentis par la personne qui pouvait demander la nullité du contrat.

La nullité proprement dite, et l'annulabilité produisent un effet commun à l'égard des tiers. Du moment que le contrat annulable est déclaré nul, tous les droits consentis par la personne qui se croyait propriétaire s'évanouissent. « Resoluto jure dantis, resolvitur jus accipientis. »

CHAPITRE X

DE LA MAXIME : QUÆ TEMPORALIA SUNT AD AGENDUM PERPETUE SUNT AD EXCIPIENDUM

Si j'ai exécuté le contrat, que mon erreur rend annulable, je puis, pendant dix ans à partir du jour de la découverte de mon erreur, intenter une action en nullité ou en rescision ; mais si je suis resté dans l'inaction, le temps, pendant lequel je puis opposer l'exception résultant de mon erreur est-il limité à la même durée? En d'autres termes, la maxime « quæ temporalia sunt ad agendum, » perpetua sunt ad excipiendum » s'applique-t-elle aux actes annulables?

Le silence de l'art. 1304 est l'argument principal de l'affirmative. L'art. 1304, ne s'occupant que des actions en nullité ou en rescision, n'est pas applicable aux exceptions de même nature, dit M. Larombière, qui plus loin repète «le Code civil, en n'assimilant pas, quant à leur durée, comme le faisait l'ordonnance de 1539, l'exception et l'action en nullité a, par son silence même, consacré l'ancienne maxime». On ajoute: Dumoulin, parlant de la disposition de l'ordonnance de 1539, qui proscrit la

maxime romaine « Quæ temporalia sunt ad agen-
» dum perpetua sunt ad excipiendum » s'exprime
ainsi : *In hoc iniqua est constitutio.*

En effet, peut-on reprocher à celui qui n'a pas
exécuté le contrat de ne pas avoir agi en justice. Est-
il coupable de négligence? Non, répond M. de Savigny, la négligence qui motive la prescription de
l'action consiste en ce que le titulaire s'abstient
d'exercer une action qui lui rendrait la jouissance
d'un droit dont il est privé, mais celui dont nous
parlons jouit de la partie essentielle de son droit,
l'action qu'il laisse prescrire aurait pu mettre cette
jouissance sous la protection de formes plus com-
plètes, mais sans changer essentiellement sa position. Bien plus, un des motifs de la prescription est
la diminution des procès; en restant dans l'inaction, le défendeur agit dans l'esprit de la loi, « par
amour de la paix » il renonce à une action qui lui
procurerait une grande sécurité !

On peut répondre que ce système ne repose que
sur des considérations, a'tendu que le silence de
l'art. 1304 s'interprète aussi dans le sens de la négative. Cette maxime : Quæ temporalia,...., n'est reproduite dans aucun article du Code. L'ordonnance
de 1539 l'a abrogée. Pourquoi serait-elle en vigueur
aujourd'hui, sa raison d'être n'existe plus. Quelle
est l'origine de cette maxime? Une loi de Paul, (loi 5,
§ 6, D. de doli mali et metûs except. 44, 4.) « Non si-
» cut de dolo actio certo tempore finitur, ità etiam
» exceptio eodem tempore danda est. Nam hæc per-

» petuo competit ; cum actor quidem in suâ potes-
» tate habeat, quando utatur suo jure ; is autem
» cum quo agitur non habeat potestatem, quando
» conveniatur. »

Or, d'après les principes du droit romain, le débiteur qui n'avait pas encore exécuté le contrat entaché de dol ne pouvait pas en demander la nullité,
tout ce qu'il pouvait faire, c'était opposer l'exception de dol au créancier qui l'attaquait, on comprend dès lors qu'il fallait que l'exception du débiteur eût la même durée que l'action qu'elle devait
repousser.

Mais aujourd'hui, d'après notre Code civil, bien
que le contrat n'ait pas été exécuté, l'action en rescision ou en nullité peut être intentée par la personne en faveur de laquelle elle a été introduite, car
l'art. 1234 fait de l'action en nullité ou en rescision
une cause d'extinction des obligations, qui, s'il fallait supposer une obligation exécutée, deviendrait
une cause de répétition. Le silence de la personne,
qui, pouvant demander la nullité d'un contrat, est
restée pendant dix ans dans l'inaction est considéré
par la loi comme une ratification tacite de la convention. Le tribun Jaubert, dans son rapport au
Tribunat caractérise ainsi la différence qui exist
entre les actes nuls et les actes annulables : « Lorsqu'il s'agit d'un engagement contracté sans objet
ou sans cause, ou pour une cause illicite, il est tout
simple que celui a souscrit l'engagement, à quelque
époque qu'il soit poursuivi, soit *toujours* admis à

répondre qu'il n'y a pas d'obligation. Mais lorsqu'il s'agit d'un mineur, d'une femme mariée, ne serait-il pas bien extraordinaire que le temps de la restitution ne fut pas limité.

« Dans ce cas on devait se borner à dire que celui qui avait souscrit l'engagement pourrait s'y soustraire. La nécessité d'un délai était commandée par l'intérêt public. Pareillement le secours que la loi accorde à ceux dont le consentement n'a pas été libre doit être invoqué dans un délai fixe. Un laps de temps sans réclamation doit faire présumer la ratification. »

Les adversaires de ce système ont cherché un argument en faveur du maintien de la maxime Romaine Quæ temporalia... dans l'hypothèse suivante : Un interdit fait un contrat qu'il n'exécute pas ; puis la main-levée de l'interdiction est prononcée. A partir de ce moment courra contre l'interdit le délai de dix ans. Si après ce délai le créancier exige l'exécution du contrat dont rien ne révélait l'existence à l'interdit, celui-ci se trouvera donc privé de l'exception, le seul moyen qu'il pouvait opposer à la prétention de son adversaire.

Cette observation est une juste critique de la loi qui aurait du faire courir le délai de la prescription contre les actes de l'interdit du jour où celui-ci a eu connaissance de l'acte et non du jour ou son interdiction est levée car l'interdit peut oublier l'existence d'un contrat qu'il a exécuté. Aussi la loi du 30 juin 1838 sur les aliénés déclare-t-elle dans son

art. 39 « Que les dix ans de l'action en nullité cour-
ront, à l'égard de la personne retenue qui aura souscrit les actes, à dater de la signification qui lui en
aura été faite, ou de la connaissance qu'elle en aura
eue après sa sortie définitive de la maison d'aliénés.»

Cet art. 39 est une confirmation .de la théorie
d'après laquelle la maxime « Quæ temporalia, ne
doit pas s'appliquer aux actes annulables. Car dit
très-justement M. Demante, si on a jugé nécessaire en 1838 d'améliorer le Code civil en donnant,
pour point de départ au délai, la connaissance
acquise par l'aliéné de l'acte qu'il a fait dans 'un
établissement d'aliénés c'est, qu'on a précisément
aperçu le cas où l'aliéné ignorerait qu'il a fait l'acte
et qu'on a pensé qu'il pourrait alors être lié après
l'expiration du délai calculé conformément à l'article 1304. Or on eût pas demandé une améliora-
tion si même après l'expiration des dix ans, l'auteur
de l'acte avait pu se prévaloir de l'exception de
nullité. »

POSITIONS

—

DROIT ROMAIN

I. — L'erreur de fait peut être invoquée toutes les fois qu'elle est excusable, l'erreur de droit ne peut être invoquée que lorsque la personne qui a commis l'erreur veut éviter une perte.

II. — Même avant la constitution de l'empereur Léon les femmes n'étaient pas relativement à l'erreur de droit assimilées aux mineurs.

III. — Si, chez les parties qui ne s'entendent pas sur la nature du contrat, il y a d'une part intention d'aliéner, de l'autre volonté d'acquérir, la propriété est transférée par tradition.

IV. — L'erreur sur la matière n'est une cause de nullité des contrats que lorsque la matière se confond avec la substance.

V. — Dans les contrats qui se forment solo consensu il n'y a pas de causa civilis.

VI. — La transaction n'est pas nécessairement consentie intuitu personæ.

VII. — L'erreur de droit n'exclut pas la condictio indebiti.

DROIT FRANÇAIS

CODE CIVIL

I. — Le contrat, est formé dès que l'offre est acceptée.

II. — Pour que l'erreur sur la substance entraîne la nullité du contrat il suffit que l'une des parties ait été dans l'erreur.

III. — L'erreur de droit produit les mêmes effets que l'erreur de fait.

IV. — L'erreur sur l'identité physique de la personne est une cause de nullité absolue du mariage, l'art. 180 ne prévoit que l'erreur sur l'identité civile.

V. — Dans la transaction, l'erreur sur la personne n'est une cause de nullité que lorsque la considération de la personne est la cause principale de la transaction.

VI. — L'art. 2054 ne fait pas exception à l'article 2053.

VII. — Dans les art. 2054 et suivants les transactions sont rescindables non par suite d'erreur sur la cause mais parcequ'il y a erreur sur la substance.

VIII. — La vente de la chose d'autrui est nulle faute de cause ou d'objet.

IX. — Trente ans après la formation du contrat, mais moins de dix ans depuis la découverte de l'erreur, l'action en nullité ou en rescision set éteinte.

X. — Le délai de l'art. 1304 est une véritable prescription.

XI. — La Maxime : Quæ temporalia sunt ad agendum, perpetua sant ad excipiendum ne s'applique pas aux contrats annulables.

DROIT CRIMINEL

I. — Le fait de tuer un homme sur sa demande constitue un meurtre.

II. — Le complice d'adultère surpris en flagrant délit qui tue le mari pour sauver sa propre existence est en cas de légitime défense.

DROIT DES GENS

I. — Les vaisseaux marchands convoyés par des navires de guerre ne sont pas soumis au droit de visite des belligérants.

II. — Le droit de visite entraîne le droit de recherche.

Vu par le président de la thèse,
G. DEMANTE.

Vu par le doyen :
G. COLMET-DAAGE

Vu et permis d'imprimer,
Le vice-recteur de l'Académie de Paris,
A. MOURIER

TABLE DES MATIÈRES

ERRATA

DROIT ROMAIN

page 6, ligne 10, *au lieu de :* de possessionem *lire :* possessionum
— 9, — 7, *ajouter :* V. aussi loi 8, *eod. tit.*
— 9, — 8, *au lieu de :* de cette loi   — ces lois

— 13,	— 2,	—	qu'elle soit	—	qu'elle ne soit
— 14,	— 5,	—	qu'il ne faut tenir compte ni de l'une ni de l'autre	—	qu'il ne faut pas tenir compte des lois 7 et 8 de Papinien
— 12,	— 14,	—	œdictum	—	edictum
— 18,	— 29,	—	tribuemdam	—	tribuendam
— 20,	— 29,	—	interposés	—	interpolés
— 22.	— 19,	—	judiis	—	judiciis
— 22,	— 23.	—	loi	—	soi
— 41,	— 23,	—	vanditor	—	venditor
— 45,	— 28,	—	après venditor *ajouter :* nec tamen ex		

vendito quidquam consequitur nisi ultro quod convenerit præstet.

— 46,	— 11,	—	slquiem	—	siquisrem
— 48,	— 16,	—	sufflcit	—	sufficit.
— 50,	— 21.	—	mandatu	—	mandato.
— 53,	— 22,	—	de prés	—	de pré
— 53,	— 24,	—	terre labourable	—	pré.
— 54,	— 19,	—	esi	—	est
— 56,	— 14,	—	jugeræ	—	jugera
— 67,	— 5,	—	aurichaleum	—	aurichalcum
— 67,	— 6,	—	aureum	—	aurum
— 68,	— 11,	—	quemodmodum	—	quemadmodum
— 77,	— 15,	—	3	—	3 § 2
— 82,	— 26.	—	le	—	la

—30—Paris. — Imprimerie F. PICHON, 14, rue Cujas.

www.ingramcontent.com/pod-product-compliance
Ingram Content Group UK Ltd.
Pitfield, Milton Keynes, MK11 3LW, UK
UKHW010911160726
13695UKWH00007B/489